Verena Kast

Zugang zur Lebendigkeit

Verena Kast

Zugang zur Lebendigkeit

Interesse und Langeweile als schöpferische Kräfte

Patmos Verlag

VERLAGSGRUPPE PATMOS

PATMOS
ESCHBACH
GRÜNEWALD
THORBECKE
SCHWABEN
VER SACRUM

Die Verlagsgruppe
mit Sinn für das Leben

MIX
Papier aus verantwortungsvollen Quellen
FSC® C083411

Klimaneutral
Druckprodukt
ClimatePartner.com/14549-2003-1001

Für die Verlagsgruppe Patmos ist Nachhaltigkeit ein wichtiger Maßstab ihres Handelns. Wir achten daher auf den Einsatz umweltschonender Ressourcen und Materialien.

Bibliografische Information der Deutschen Nationalbibliothek
Die Deutsche Nationalbibliothek verzeichnet diese Publikation in der Deutschen Nationalbibliografie; detaillierte bibliografische Daten sind im Internet über http://dnb.d-nb.de abrufbar.

Verlagsgruppe Patmos in der Schwabenverlag AG, Ostfildern
www.patmos.de
Neuausgabe der 2011 im Patmos Verlag erschienenen 3. Auflage des Titels *Interesse und Langeweile als Quellen schöpferischer Energie* (1. Auflage 2001 im Walter Verlag veröffentlicht unter dem Titel *Vom Interesse und dem Sinn der Langeweile).*

Umschlaggestaltung: Finken & Bumiller, Stuttgart
Druck: CPI books GmbH, Leck
Hergestellt in Deutschland
ISBN 978-3-8436-1308-8

Inhalt

Einleitung

Ein wirkliches Interesse ist ein wahres Lebenselexier. Ergreift uns ein Interesse, fühlen wir uns belebt, animiert, motiviert, ihm nachzugehen und auch nachzugeben. Sind wir Menschen doch von Natur aus neugierig, gierig auf Neues, noch nicht Bekanntes, noch nicht Verstandenes, immer auf der Suche nach etwas, das eine angenehme Erregung, aber auch Veränderung verspricht. Vielleicht auch auf der Suche nach etwas, aus dem dann ein Interesse werden könnte. Die Neugier allein reicht nicht aus, kann aber den Zugang schaffen zu etwas, das uns dann wirklich mit einem Interesse erfüllt, uns nachhaltig zu interessieren vermag. Das Interesse ist eine ganz besondere Emotion: Interessieren wir uns für etwas, dann sind wir nicht nur sachbezogen, vielleicht an einer Arbeit interessiert, sondern wir sind auch mit unserer ganzen Person dabei. Unsere Außenwelt und unsere Innenwelt spielen zusammen, und das bewirkt, daß wir uns lebendig fühlen, vitalisiert, daß wir uns selber in einem hohen Maße spüren, uns gegenwärtig sind, etwas ausprobieren, von dem wir überzeugt sind, daß es mit uns selbst etwas zu tun hat. Wir engagieren uns. Ganz besonders erlebbar ist das bei einem leidenschaftlichen Interesse.

Unsere Interessen prägen grundsätzlich unseren Lebenslauf, sowohl von den Themen als auch von der Motivation her, etwas wirklich in Angriff zu nehmen, anzupacken und dabeizubleiben. Das Interesse antwortet auf unsere wichtigsten Bedürfnisse, aber auch auf unsere Gier. Wenn wir interessiert sind, antizipieren wir euphorisch etwas, das für uns wichtig oder aber auch total befriedigend sein wird. Die Antizipation ist oft besser als das Erreichen des Ziels: Interessiertes Verfolgen von Ideen hat eine große Befriedigung in sich selbst.

Wie aber entsteht ein solches Interesse, was stört dieses Interesse, wie kann man lernen, sich zu interessieren? Über diese und viele andere Fragen wird in diesem Buch nachgedacht.

Denn: fehlt das Interesse, dann müssen wir Menschen diese Lebendigkeit, die durch ein sich Interessieren entsteht, ersetzen durch Situationen, die uns erregen, und da die Erregung nicht nachhaltig ist, müssen es immer aufregendere Lebenssituationen sein, die gesucht werden, die ihrerseits ganz rasch wieder zur Gewohnheit werden, und gerade den Kitzel, den sie eigentlich bringen sollten, nicht mehr bringen.

Aber warum suchen wir – und das ist heute durchaus ein gesellschaftliches Problem geworden –, immer größere Aufregungen?

Wir wollen der Langeweile entgehen. Die Langeweile, ein Gefühl der Leere, der Öde, keine Lust, zu nichts, ein Überdruß statt dessen, sie ängstigt uns, dies wollen wir vermeiden. Kommt die Langeweile auf, spricht uns nichts an, weder in der Welt noch in unseren Gefühlen und Gedanken. Die Langeweile kann man sich zwar mit Kurzweil vertreiben, eine aufwendige Angelegenheit, oder aber man kann die Langeweile als eine Emotion verstehen, die uns zwingt, inne zu halten, uns neu auf uns selbst zu besinnen und uns wahrzunehmen. Gerade wenn man sich auf die Langweile konzentriert, schälen sich die Interessen heraus, denen zu folgen uns wieder neu belebt.

Interesse

Natürlich interessieren wir uns immer wieder für etwas, oder etwa doch nicht? Wir entscheiden uns ständig, ohne daß es uns meistens bewußt wird, ob uns etwas interessiert oder eben nicht. Was uns nicht interessiert, das lassen wir links liegen, was uns interessiert, damit beschäftigen wir uns. Die Unterscheidung zwischen »interessant« und »nicht interessant« ist eine fundamentale Unterscheidung, die wir ständig treffen.

Es ist ein großer Unterschied im Lebensgefühl, ob wir grundsätzlich Menschen sind, die sich interessieren können, oder Menschen, die wenig Interesse aufbringen, für die Welt, die anderen Menschen, für uns selbst. Interesse ist eine der fundamentalen Emotionen, ihr Vorhandensein, ihr Fehlen oder ihr Abhandenkommen haben direkten Einfluß auf die Struktur unserer Identität. Daran denkt man normalerweise gar nicht, ist Interesse doch eine so »normale« Emotion, die man kaum wahrnimmt. Das Gefühl des Sich-Interessierens ist eine Art Begleitemotion unseres Lebens, eine Grundmelodie. Es ist die affektive Begleiterscheinung aller Formen jeden Grades von Wachheit und von Bewußtheit, die wir registrieren und die unser Verhalten und unsere Handlungen begleitet. Diese Begleitemotion, diese Grundmelodie, nehmen wir erst wahr, wenn sie nicht mehr vorhanden oder sonst in irgendeiner Weise gestört ist. Keine Interessen zu haben, das ist quälend. Beunruhigend kann es auch sein, wenn man ein Interesse nicht aufrechterhalten kann, wenn man zwar immer wieder einmal interessiert ist an etwas, aber dieses Interesse nicht durchhalten kann, etwa das Interesse für einen bestimmten Menschen, für ein Wissensgebiet, für einen bestimmten Sport usw. Die Abwesenheit von dieser Emotion Interesse nennen wir in der Regel Langeweile, und diese Langeweile ist eine der unangenehmsten und letztlich doch produktivsten Emotionen überhaupt, wenn man sich ihr überlassen kann.

Interesse und Neugier sind nicht nur fundamentale Emotionen, es sind auch frühe Emotionen. Sie können bei den Säuglingen schon in den ersten Lebenstagen beobachtet werden. Es ist das Wesen des Menschen, daß er unter anderem auch interessiert ist, stärker oder schwächer, grundsätzlich mehr oder weniger. Sind wir aber speziell interessiert, dann springen wir auf etwas an. Wir sind wach, wir sind aufmerksam, wir sind vielleicht ganz Auge oder Ohr, alle unsere Sinne werden wach, meistens sind wir auch nachdenklich, und wir bleiben es auch über eine gewisse Zeit. Wir sprechen dann vielleicht davon, daß wir fasziniert sind, daß wir gefesselt sind von etwas, nachhaltig neugierig, konzentriert, oder etwas hat erste Priorität. Das Interesse bewirkt ein gezieltes Sich-Einlassen, ein gezieltes Erforschen dessen, was unser Interesse erregt hat, allenfalls ein Gestalten. Aus dem Interesse heraus erwachsen Handlungen. Interesse ohne Handlung und Verhalten ist kein wirkliches Interesse, und aus diesem Grunde kann man auch Interesse und Neugierde wissenschaftlich leicht den Motivationen zuordnen. Ich meine aber, es sind die Emotionen, die hinter unseren Motivationen stecken, und deshalb ist es sinnvoll, sich mit Emotionen zu beschäftigen. Wenn wir jemanden »motivieren« wollen, geht es darum, das Interesse herauszulocken.

Auch wenn wir sprachlich nicht immer eine Unterscheidung treffen, ist doch zu beachten, daß wir zum einen den Ausdruck »Interesse« für den Prozeß des Sich-Interessierens selbst verwenden, andererseits kann dieser auch für sogenannte »handfeste Interessen« stehen, die wir vertreten und die vielleicht noch Bedürfnissen entsprechen, doch vor allem nur der Wahrung des eigenen Vorteils dienen können.

Es geht also bei unseren Interessen einerseits um die Selbsterhaltung: Es liegt im Interesse unseres Über*lebens* und eines guten *Lebens*, daß wir uns Nahrung beschaffen, unsere sexuellen Bedürfnisse befriedigen können, die Geborgenheit finden, die wir brauchen, die Anregung finden, die uns gut tut. Das Interesse hört aber nicht bei der Selbst*erhaltung* auf, es geht dabei auch immer um eine Selbst*erweiterung* auf noch nicht Bestehendes hin, auf die Zukunft hin. Und da besteht eine Verbindung des Interesses zu unseren Wünschen, unseren Tagträumen oder zu Träumen überhaupt.

Wofür interessieren Sie sich im Moment am meisten?

Wichtigste Interessen, die wir in einem bestimmten Moment haben, sagen etwas Zentrales über unsere jetzige Persönlichkeit aus. Unsere Interessen sind die Lebensthemen, die uns in einem bestimmten Moment – und vielleicht auch schon länger oder für länger beschäftigen. Es geht dabei nicht um die Vorzeigeinteressen, von denen man glaubt, daß man sie haben muß in der heutigen Zeit, in der sozialen Schicht, zu der wir uns zählen, oder die man haben muß, um jemandem zu gefallen. Gefragt sind unsere echten, vielleicht auch verschwiegenen Interessen. Verschwiegen, weil sie möglicherweise einen Bereich in unserem Leben markieren, der für uns sehr wertvoll ist und den wir deshalb schützen wollen vor Kritik oder Mißbilligung. Was im jeweiligen Moment am meisten interessiert oder sehr bedeutsam ist, das ist bedeutsam für die gesamte Existenz. Unser Interesse definiert, was wertvoll ist für uns selbst, was aktivierend ist, was belebend ist, die Stärke des Interesses, die Art unseres Interessierens gibt uns einen Hinweis auf den Stellenwert dieses Wertes in unserem aktuellen Leben. Die Frage nach den bedeutendsten Interessen, danach, woran wir wirklich mit Herzblut hängen, zielt auf die Aspekte der Persönlichkeit, die im gegebenen Moment zum Tragen kommen, die entwickelt werden können, aus denen heraus auch Leben sinnvoll und lebendig gestaltet werden kann.

Die Interessen der Menschen sind so breit gefächert wie das Leben selbst: Man kann sich für alles, was es gibt auf der Welt, interessieren – für Menschen, für Liebe, für Sexualität, für Religion, für Theorien, für Dinge, für Sport, für Geld, für Kultur, für Wissenschaft usw. Und innerhalb von all den großen Themen kann man sich für eine ganz bestimmte Fragestellung nachhaltig interessieren. Dabei ist es wichtig, diese Interessen in einen Kontext zu stellen. Da interessiert sich jemand zum Beispiel intensiv für Geld. Dahinter können ganz unterschiedliche Motive stehen: Der eine möchte Geld anhäufen, um sich rasch einen ruhigen Lebensabend zu ermöglichen, ein anderer kann sich für Geld interessieren, weil er eine Spielernatur ist, fasziniert vom Gewinnen, weniger fasziniert von den Verlusten, die es natürlich zu vermeiden gilt, wieder ein anderer will mit seinem Geld beweisen, wie tüchtig er ist, oder verwechselt Geld mit Macht.

Dem Interesse sind keine Grenzen gesetzt. Interessen definieren einen subjektiven, keinen objektiven Wert. Was uns interessiert, ist wichtig und bedeutsam für uns, muß es aber nicht für einen Mitmenschen sein. Wir neigen dazu, die Inhalte unseres Interesses für einen objektiven Wert zu halten, wir meinen, es wäre gut um die Welt bestellt, wenn sie unsere Interessen teilen würde. Wichtig ist das Interesse als solches, wichtig ist, daß Menschen sich interessieren und ihren Interessen nachgehen können, nicht der Inhalt des Interesses. Wir bleiben in der Regel nicht dieselben während des ganzen Lebens, wir entwickeln uns; aus diesem Grunde könnte man die eigene Biographie auch unter der Perspektive der Interessen, denen man im Verlaufe seines Lebens nachgegangen ist, erzählen. Auch hier ginge es dann nicht nur um den Inhalt des Interesses in einem bestimmten Kontext, sondern auch um die Intensität des Interesses. Man überlegt sich, welche Interessen einen als Kind ausgezeichnet haben, wie diese Interessen sich änderten in der Adoleszenz, in der Phase der Berufsfindung, mit dreißig, mit vierzig und später.

Fragt man Menschen nach ihren prägenden Interessen ihres

Lebens, dann sind große Unterschiede auszumachen. Bei manchen Menschen gehen Interessen im Verlaufe des Lebens immer wieder in eine ähnliche Richtung, angepaßt ihrem Entwicklungsstand, bei anderen liegen relativ breit gestreute Interessen vor, von denen einige immer wieder verlorengingen. Oft sind diese Menschen erstaunt, daß sie ein vitales Interesse der Kindheit sogar vergessen haben und es erst durch die Frage nach Interessen in der Kindheit wiederfinden. Es gibt auch die Erfahrung, daß ältere Menschen zu ihren Jugendinteressen wieder zurückfinden, daß sie plötzlich feststellen, daß ihnen jahrelang etwas gefehlt hat, daß sie jahrelang ein Interesse vernachlässigt haben, und dieses Interesse nehmen sie wieder auf.

Unsere Interessen rücken immer einen Aspekt unserer Persönlichkeit ins Zentrum, man könnte auch sagen: Unsere Interessen sind momentane Selbstdefinitionen. Das gilt aber nur für die Interessen, die wir auch als Interessen fühlen und die zu einer Haltung und zu bestimmtem Verhalten Anreiz geben. Weil sich im Interesse eine aktuelle Selbstdefinition ausdrückt, vermag uns nicht alles zu interessieren. Auch bei Menschen, die sich für sehr vieles interessieren, stehen dennoch bestimmte Interessen in einer bestimmten Lebensphase im Vordergrund. Unser Interessiertsein aber sagt etwas aus über unser vitales und kreatives Leben, sagt etwas darüber aus, mit welcher Intensität wir uns von unseren Lebensthemen ergreifen lassen und sie auch gestalten.

Der Wirkkreis des Interesses

In seiner intensivsten Form zeigt sich das Wesen einer jeweiligen Emotion am besten. Interessiert sich ein Mensch intensiv für etwas, dann wird eine Sache, eine Person, ein Symbol oder eine Idee so wichtig, daß dadurch die ganze Aufmerksamkeit gefesselt und alle geistigen Prozesse in Beschlag genommen werden. Man ist wach, aufmerksam, *man ist besetzt*, aber im Gegensatz zum

Besetztsein von einem Kummer ist dieses Besetztsein von höchster Vitalität. Man ist nicht belastet, sondern beschwingt, auch dann, wenn das Interesse uns sehr viel Arbeit abverlangt. Unser Interesse führt also dazu, daß wir von einer Sache völlig in Anspruch genommen sind, voller Konzentration, voller Aufmerksamkeit – Konzentration ist eine Form der Aufmerksamkeit. Aus dem Interesse heraus erfolgt ein Handeln und Gestalten, und erfolgt dies nicht, dann stirbt das Interesse auch bald wieder ab. Interessieren wir uns für einen Menschen, wenden wir uns diesem zu. Ist es eine wissenschaftliche Idee, die uns interessiert, werden wir sie mit allen Mitteln auszuarbeiten versuchen. Weil aus dem Interesse eine anhaltende Betätigung erfolgt, gelten Interesse und Neugier auch als Emotionen, die die Motivation zu kreativen und konstruktiven Tätigkeiten, auch zum Lernen verstärken, Langeweile hingegen bringt diese zum Erliegen.

Das Interesse – das »Dazwischensein« – die intensive Anteilnahme an etwas, das einem aus der Welt entgegenkommt, bewirkt eine besondere Verbindung von Innenwelt und Außenwelt. Wenn uns etwas interessiert, gehen wir auf die Welt zu, da wird die Verbindung zwischen uns und der Welt intensiviert, die Welt bekommt eine ganz bestimmte Qualität: Sie geht uns etwas an, in einem hohen Maße. Aber auch das Umgekehrte gilt: auch die Welt kommt auf uns zu. Was uns interessiert, das *springt* uns sozusagen von außen *an*. Künstler reagieren plötzlich auf bestimmte Formen in der Außenwelt, die sie auf ihre Art gestalten wollen, Wissenschaftler sehen ein Problem in der Welt, das sie verstehen und dann auch lösen wollen, Fanatiker sehen einen Mißstand immer wieder in der Politik, werden von diesen Mißständen nicht in Ruhe gelassen. Menschen, die eher tiefenpsychologisch orientiert sind, sind fasziniert von psychischen Konstellationen, die mit dem Kern unserer Persönlichkeit zu tun haben: Lebensthemen, Entwicklungsthemen stehen intrapsychisch an und bewirken, daß wir die Welt entsprechend diesen Themen wahrnehmen. Unsere Interessen dienen der Entwicklung der Innenwelt – und so besehen ist Interesse die Emotion, die Entwicklung bewirkt. Unsere Innenwelt kommt uns also sozusagen aus der Außenwelt, in den Themen, die uns interessieren, entgegen. Das geht anders gar nicht: Innenwelt muß sich immer an etwas festmachen. Durch das Interessiertsein wird unsere Innenwelt belebt, das belebt wiederum unser Interesse, das Interesse wird noch größer und bringt uns dazu, das, was interessiert, noch mehr zu verfolgen, es zu gestalten. Es ist ein zirkulärer Prozeß, ein Wirkkreis. Man kann sich natürlich fragen, wer da wen ergreift, es bleibt eine geheimnisvolle zirkuläre Interaktion zwischen dem Individuum und der Welt, mit dem Ziel der kreativen Gestaltung und der höchstmöglichen psychischen und physischen Aktualisierung, einem Gefühl intensiver, lustvoller Lebendigkeit.

Es ist eine lustvolle Beziehung zwischen dem Selbst und der Welt, eine interaktive Beziehung, die das Selbst und die Welt verändert. Interessieren wir uns intensiv für etwas, dann sind wir überzeugt davon, daß die Welt interessant ist, wir sind es auch. Wir fühlen uns interessant und angeregt an, lebendig, mitten in einem sinnvollen Leben, das sich verändert und das man selbst auch verändern kann. Das gibt auch ein sicheres Gefühl der eigenen Identität im Vollzug. Was uns interessiert, ist aufregend, verspricht Neues, Entwicklung, Befriedigung und vielleicht auch einmal Ruhm und Ehre. Betätigungen, die auf Interesse und Neugier zurückgehen, haben die Belohnung in sich selbst. Belohnt man Kinder für Tätigkeiten, denen sie aus einem inneren Interesse heraus nachgehen, macht das keinen Eindruck. Es genügt einem Kind, daß es sich für das, wofür es sich interessiert, auch wirklich interessieren darf, daß es dem nachgehen darf.

Interesse bewirkt eine anhaltende Betätigung, ob es sich jetzt um Beziehungen, um Ästhetik, um Intellekt oder um Organisation handelt. Diese Bestätigung muß ihrerseits jedoch wieder etwas versprechen – Wandel, ein Mehr an Wissen, an Selbsterkenntnis, an Überblick, an Kompetenz, an emotionalen Facetten. Es muß einfach einen Gewinn geben. Und das Feld muß für uns neu sein, ungewohnt, unsere Neugier auch anregen, neues Interesse wecken. Ist das Feld nicht neu, gelingt es uns gelegentlich, daß wir uns das Feld neu gestalten, daß wir aus einer neuen Perspektive, mit einer neuen Fragestellung an etwas Bekanntes herangehen. Und nicht nur muß das, was uns interessiert, neu sein und einen Zugewinn versprechen, es muß auch mit einer Herausforderung verbunden sein, es darf sich nicht ganz leicht erschließen lassen, muß aber in unserer Phantasie doch zu bewältigen sein. Ist noch ein Geheimnis damit verbunden, irgendein dunkles Geheimnis vielleicht sogar, dann fordert das unsere Neugier – und anschließend dann unser Interesse ganz besonders heraus.

Das Emotionsfeld Interesse

Emotionen haben die Tendenz, sich zu Emotionsfeldern zu verbinden. So verbindet sich Interesse leicht mit den anderen »gehobenen Emotionen«, wie Freude, Inspiration, Hoffnung.[1] Die gehobenen Emotionen beflügeln die Menschen, lassen sie optimistischer gestimmt sein, regen sie an, solidarischer zu sein mit anderen Menschen und Dinge wirklich auch in Angriff zu nehmen. Auch wenn lebensgeschichtlich bedingt schwierige Emotionen wie Angst, Ärger, Traurigkeit dominieren, sind die gehobenen Emotionen dennoch vorhanden, sie organisieren sich nach Emde relativ isoliert von den negativen Gefühlen,[2] das heißt zum Beispiel, daß die Angst die Freude nicht töten kann.

Dennoch: das Gefühl des Interesses und der Neugier erwächst oft zunächst aus einer gewissen Angst, die durch das Neue, das Unübersichtliche ausgelöst wird. Aber gerade diese Neuheit bewirkt auch, daß Interesse geweckt wird. Ist allerdings die Angst sehr groß, dann erfolgt ein Rückzug und keine Exploration.

Das Interesse verbindet sich aber nicht nur leicht mit den anderen gehobenen Emotionen, die gehobenen Emotionen erleichtern es den Menschen auch, interessierter zu sein. In der intensivsten

Form ist Interesse etwas, das uns völlig in Anspruch nimmt, und zwar anhaltend, und eine anhaltende Betätigung herausfordert. Und hier wird aus Interesse Leidenschaft, und vielleicht auch Liebe. Spricht man mit Menschen, die sich leidenschaftlich für etwas interessieren, dann sagen sie sehr oft: »Ich liebe das.« Interesse kann in Liebe übergehen.

Neugier

Die Neugier ist oft die Eingangspforte für Interesse. Menschen sind gierig auf Neues, auf etwas Ungewohntes, noch nicht Bekanntes. Und dieses Neue vermag dann möglicherweise unser Interesse zu fesseln. Neugier bewirkt auch, daß wir uns innerhalb eines Interessengebietes plötzlich wieder eine neue Dimension erschließen, etwas, das unser Interesse wieder neu anstachelt und uns neu und intensiver wieder interessiert sein läßt. Interesse und Neugier werden in der Fachliteratur meistens zwar miteinander genannt, dann allerdings auch wieder unterschieden. Das Interesse ist die einzige Emotion, die durchweg positiv beurteilt wird. Die nahe beim Interesse und auch mit dem Interesse interagierende Freude – in der Stimmung der Freude kann unser Interesse leichter erregt werden – wird nicht nur positiv beurteilt, denn die Freude, so werden manche einwenden, habe eine Tendenz, maßlos zu werden; die Menschen, die sich freuen, würden dann unkritisch, lebten angeblich über ihre Verhältnisse.[3]

Ein Übermaß an Interesse scheint es aber gar nicht zu geben – es kann nicht genug davon geben. Interesse ist also die einzige Emotion, die durchwegs als positiv beurteilt wird, nicht aber die Neugier. Neugier ist wichtig, ohne Neugier gibt es keine Entwicklung, Neugier kann aber auch unangenehm sein, Menschen können ihre Nasen in etwas stecken, das sie »nichts angeht«.

Das Thema der Neugier wird oft unter dem Stichwort »Explorationsverhalten des Menschen« abgehandelt. Man weiß: Der Mensch ist von Anfang an ein explorierendes Wesen, und daraus ergab sich die Entwicklung, das Lernen, entwickeln Menschen ihre Kompetenzen in einem weiten Rahmen, wird Neues entdeckt. Sobald wir von Explorationsverhalten sprechen, verschwindet das Ambivalente, das der Neugier anhaftet. Sprechen wir aber von Neugier, dann kommt eine Ambivalenz auf: die Gier nach Neuem, die Gier nach Verborgenem. Der Mensch hat Hunger nach etwas Neuem, der Mensch spürt einen Mangel, wenn sich nichts erneuert. In der Gier nach diesem Neuen soll der Mangelzustand behoben werden. Positiv ausgedrückt ist die Neugier der Motor für Entwicklung ganz allgemein.

Gerade im Beziehungsbereich angesichts (nach unserem Geschmack) allzu neugieriger Menschen wird uns bewußt, daß in der Neugier die Gefahr steckt, Grenzen in unzulässiger Weise zu überschreiten. Nun ist jede Entwicklung ein Überschreiten von Grenzen. Und die Neugier, wenn wir z. B. an wissenschaftliche Neugier denken, initiiert immer einen solchen Prozeß. Das ist uns vielleicht im Moment am ehesten bewußt, wenn es um das Klonen geht oder um mögliche Veränderungen am menschlichen Erbgut. Da wurden und werden auch Grenzen überschritten, und der Neugier ist keine Grenze gesetzt. Das heißt nicht, daß Neugier zu vermeiden ist, man muß aber wissen, daß die Neugier, zum Beispiel in Beziehungen, verletzend sein kann, aber auch festgefahrene Situationen verändern kann; die Neugier hat ein doppeltes Gesicht.

Das Interesse unterscheidet sich von der Neugier insofern, als es ein nachhaltigeres, ein ruhigeres, ein introvertierteres Gefühl ist, es schafft Zusammenhänge. Die Neugier ist sehr lebendig, springt ständig an, ist aber flüchtig und in ihren Zielen wechselnd. Sie springt an auf das, was neu, anders zu sein scheint. Der Neugier geht es nicht so sehr um große Zusammenhänge, sondern es geht um Anstöße, es geht um Grenzüberschreitungen, um Öffnungen, die dann vom Interesse in Beschlag genommen werden können. Aus Neugier können nachhaltige Interessen werden. Auch in Interessensprozessen ist die Neugier immer wieder etwas sehr Wichtiges, weil sie uns weitertreibt.

Langeweile

Fragt man Menschen, wann sie sich das letzte Mal gelangweilt haben, dann erklären sie meistens, sie würden sich nie langweilen. Insistiert man auf der Frage, dann werden etwa Erinnerungen an Team-Sitzungen wach, in denen sie nichts verändern konnten und die sie doch sehr gelangweilt hatten. Die Quintessenz ist dann: Wenn ich einer Situation aus irgendeinem Grunde nicht entfliehen kann, sie aber auch nicht so gestalten kann, daß sie für mich interessant wird, dann langweile ich mich. Wirklich nur dann?

Es ist nämlich gar nicht so einfach, das äußerst unangenehme Gefühl der Langeweile zuzulassen; wir sind es gewohnt, die Langeweile abzuwehren, ständig muß etwas »laufen«, damit wir uns bloß nicht langweilen.

Wenn wir uns interessieren, da ruft uns irgend etwas aus der Welt, da springt uns etwas an, da kickt uns etwas an, dabei werden wir lebendig und vital, wir sind dann zwar auch gezwungen, unseren Interessen nachzugehen, aber das ist lustvoll, vitalisierend, und falls mühsam, empfinden wir es zumindest als sinnvoll. Wenn wir uns langweilen, vermag nichts aus der Mitwelt in uns etwas hervorzurufen, nichts spricht uns an, keine Empfindung wird registriert, Überdruß macht sich breit, Ekel und eine große Trägheit verhindern, daß wir uns in Bewegung setzen. Wir fühlen uns nicht angesprochen von der Welt und sind deshalb auch nicht ansprechend. Langeweile ist ein Gefühl der Öde, der Lustlosigkeit, der Leere, des Überdrusses; der Mensch ist ohne Lebendigkeit, ohne Antrieb, ohne Motivation zu handeln. Diese Leere weckt ein Grauen in uns – die Angst vor der Leere, vielleicht sogar die Angst vor dem Tod – und muß deshalb abgewehrt werden. Wenn wir uns langweilen, dann wird uns die Zeit lang, sie scheint überhaupt nicht zu vergehen – eine lange Weile erfaßt uns, die in sich leer ist und sich geradezu aggressiv auf uns selbst zu stürzen scheint. Kein Wunder, daß wir versuchen, die lange Weile durch irgendeine Kurzweil abzuwehren.

Ist Interesse aber eine fundamentale Emotion, dann kann es gar nicht so ganz und gar verschwinden. Weist man einen sich langweilenden Menschen darauf hin, daß die Welt doch voller interessanter Dinge, Menschen, Begebenheiten sei und das Ärgernis doch eher, daß die Zeit nicht reicht, um sich für alles auch wirklich zu interessieren, wird der sich Langweilende erwidern, es gebe kein einziges Ding in der Welt, das interessant wäre. Wo ist das Interesse hingekommen, was ist aus den verschiedenen Interessen geworden? Die Langeweile läßt sich hier verstehen als Abwesenheit von Interesse, aber auch als Abwesenheit von Neugier und von Kreativität. Insofern ist die Langeweile eine sehr interessante Emotion, sie muß in sich ein Interesse haben, das es zu enthüllen gilt. Das gelingt, wenn man die Langeweile nicht abwehrt, sondern sich auf sie konzentriert. Es gilt auch beim Umgang mit der Langeweile das Grundlegende, was in jedem Umgang mit Gefühlen gilt: Man muß sich auf ein Gefühl einlassen, damit sich etwas verändert. Lassen wir uns auf die Langeweile ein, haben wir plötzlich Einfälle. Es werden solche darunter sein, die uns nicht passen und die wir deshalb abwehren, es werden aber auch solche da sein, die uns erstaunen und uns wiederum näher in Kontakt mit uns und auch mit anderen Gefühlen bringen. Wir haben dann Einfälle, die wirklich etwas mit uns selbst zu tun haben. Wenn die Emotion »Interesse« zentrale Selbstanteile weckt, dann heißt das auch, daß wie, sofern wir in einer Situation, in der wir uns langweilen, uns auf diese Langeweile konzentrieren und warten, bis uns etwas einfällt, wir wieder mit etwas zentral Bedeutsamem von uns selber in Kontakt kommen werden.

Die Sozialisation von Neugier und Interesse

Nicht alle Menschen können sich gleichermaßen von Interessen ergreifen lassen. In diesem Zusammenhang stellt sich auch die Frage, wie unser Interesse gefördert, aber vor allem auch, wie Interesse und Neugier, die bei kleinen Kindern in hohem Maße vorhanden sind, im Laufe eines Lebens eingeschränkt worden sind.

Der Mensch sucht von Anfang an Situationen, die neu sind, die viel Information beinhalten, von der man noch nicht weiß, wie man sie verarbeiten kann. Das ist aber, so Bischof,[4] keine Störung, die Situation ist attraktiv, verspricht eine gute Form der Erregung, und der Mensch scheint ein Mindestmaß an Erregung zu benötigen.

Säuglinge haben von Anfang an Interesse an der Welt, sie haben Interesse an Hautkontakt, sie haben Interesse daran, gefüttert zu werden und etwas zu trinken zu bekommen. Sie interessieren sich aber auch für die Umgebung und für ihre Beziehungspersonen. Interesse und Neugier gehören zu den Basisaffekten; der Gesichtsausdruck dafür kann schon sehr früh wahrgenommen werden, Izard[5] und Tomkins[6] meinen, von Geburt an. Diese These wird auch von anderen Untersuchungen und von Beobachtungen von Beziehungspersonen bestätigt.[7] Dieses Vorhandensein von Neugier und Interesse ist eine notwendige Grundlage für Wachstum und für Entwicklung, nicht nur dafür, daß Hunger und Durst gestillt werden. Zu den grundlegenden Bedürfnissen, die befriedigt werden müssen, gehört auch, sich das Interesse der Beziehungspersonen zu erhalten, die interessierte Interaktion mit den Beziehungspersonen. Im Zusammenhang mit den »frühen Störungen«, mit Störungen, von denen man annimmt, sie hätten ihre Genese im frühen Säuglingsalter, wird immer wieder gesagt, das Kind sei zu wenig geliebt worden. Das mag so sein, sicher aber hat man sich zu wenig für das Kind interessiert. Man muß sich interessieren für das Kind, umgekehrt gibt das Kind das Interesse auch wieder zurück: ein Zirkel des Sich-Interessierens und des Interessantseins beginnt hier, und das ist eine wichtige Voraussetzung für ein gutes Leben, für ein gutes Selbstwertgefühl und auch für die gegenseitige Akzeptanz. Sich interessieren kann man sich für ein Kind oder für einen erwachsenen Menschen, auch wenn man ihn nicht liebt. Liebe kann man nicht fordern, die ereignet sich, oder auch nicht, Interesse aber, auch als Vorform der Liebe, kann gefordert werden, Interesse kann entwickelt werden.

Säuglinge interessieren sich für ihre Beziehungspersonen. Daniel Stern[8] referiert eine Untersuchung von MacFarlane von 1975, in der bewiesen wird, daß drei Tage alte Säuglinge, denen man auf beiden Seiten des Kopfes eine Stilleinlage hingelegt hatte, eine von ihrer Mutter, eine von einer fremden Frau, die Stilleinlage ihrer Mutter erkennen können und ihren Kopf zur Stilleinlage der Mutter hin drehen. Sie interessieren sich für die Stilleinlage ihrer Mutter, sie interessieren sich für die Frau, die ihnen bestmögliches Überleben zusichert, psychisch und auch physisch. Damit wird auch deutlich, daß von Anfang an eine Interaktion zwischen dem Säugling und der Bindungsperson, die in dieser Phase die Mutter ist, besteht.

Man weiß weiter, daß Säuglinge zwischen vier und neun Monaten versuchen, interessante Augenblicke länger andauern zu lassen: Sie können zum Beispiel durch Fußbewegungen bewirken, daß sich ein Mobile bewegt. Das ist offenbar interessant, und die Säuglinge versuchen, sich diese Situation möglichst lange zu erhalten. Sie interessieren sich für etwas, das sie selbst herstellen können, das löst Freude aus, und diese scheint das Interesse wiederum zu steigern.

Wenn ein Kind nicht gestört ist, weder von innen noch von außen, also kein Bauchweh hat, keine schmutzige Windel, keinen Hunger, dann fängt es an, die Welt zu erkunden. Das Kind muß gar nicht ständig beschäftigt werden. Im Gegenteil: Das Kind, das ständig beschäftigt ist, exploriert nicht mehr, weil es sich ständig mit den spannenden Dingen auseinandersetzen muß, die die Beziehungspersonen herbeischaffen. Es gibt diesen Moment, wo nichts stört, wo eigentlich Ruhe ist und wo ein Kind Eigenaktivität entwickeln kann.

Bei Säuglingen zwischen dem 9. und dem 24. Monat kann man feststellen – dazu gibt es viele Untersuchungen –, daß die Kinder selber Situationen herbeiführen, die sie interessieren, und diese Situationen auch verändern. Neugier und Interesse gehen ineinander über. Und durch das Explorieren kommt es zu neuen Fertigkeiten und Fähigkeiten. Dabei spielt das Verhalten der Mutter eine Rolle. Emde[9] beschreibt seine Experimente mit 15 Monate alten Säuglingen.

In einer experimentellen Situation von Ungewißheit, etwa bei der Begegnung mit einem Spielzeugroboter, der etwas ungewöhnlich aussieht, schaut das Kind zur Mutter. Signalisiert diese Interesse oder Freude, erkundet das Kind die neue Situation; signalisiert sie Angst oder Ärger, so vermeidet das Kind die neue Situation. Ermutigung oder Verunsicherung kann das Kind auch über die Stimme oder den Gesichtsausdruck der Mutter erhalten. Erwachsene steuern durchaus Interesse und Neugier.

Grundsätzlich gilt, daß ängstliche Familien weniger Neugier zulassen. Angst und Neugier sind etwas Antagonistisches. Geht ein Kind neugierig auf die Welt zu und Vater und Mutter warnen mit allen Zeichen der großen Angst, dann wird die Neugier des Kindes gelähmt, sie wird beschnitten. Umgekehrt gilt: Ist nur eine vernünftige Angst da – und eine vernünftige Angst muß vorhanden sein, weil die Angst uns ja signalisiert, daß man in Gefahr ist –, dann können Kinder sehr viel neugieriger sein.

Explorative Aktivitäten sind beim Kind vom Anfang an vorhanden und treiben die Entwicklung wirklich voran. Beginnen Kinder zu laufen, dann ist es im wesentlichen die Neugier, die sie dazu treibt, diesen schwierigen Übergang vom Krabbeln zum Laufen zu schaffen. Beobachtet man ein Kind beim Laufenlernen, wird einem sehr deutlich, daß das eine ausgesprochen mühsame Angelegenheit ist: Das Kind will aber laufen, will auch neue Dinge erobern, die es vorher beim Krabbeln vielleicht noch gar nicht wirklich gesehen hat, so daß es überhaupt keine Frage von Mühsal ist. Am Laufenlernen wird klar, wie die Neugier auf die Welt uns hilft, Entwicklungen durchzustehen. Und das gilt natürlich nicht nur für die Säuglinge.

Die Sozialisation von Interesse und Neugier scheint zunächst ganz einfach. Neugier und Interesse von Kleinkindern lassen sich leicht einengen. Sie können einem Zwei- bis Sechsjährigen einfach sagen: »Komm, jetzt gehen wir etwas Schönes anschauen« oder »Komm, jetzt zeige ich dir irgend etwas«, und dann kommt er einfach mit, freudig, erwartungsvoll, springt als Zeichen der Freude vielleicht sogar hoch in die Luft. Es geht zunächst darum, daß man den Kindern erlaubt – und das erlaubt man in der Regel den kleinen Kindern –, ihren Interessen nachzugehen. Das heißt, daß sie explorieren dürfen, was sie explorieren wollen, daß sie Dinge ausprobieren dürfen – und dabei geht auch immer etwas kaputt –, aber das ist nicht zu ändern. Bei diesem Explorieren brauchen sie gelegentlich die Bestätigung durch Beziehungspersonen. Gerade dieses intersubjektive Verständnis ist dabei wichtig. Ist es für beide interessant, wird das mit Worten oder mit Gesten oder im Ausdruck gezeigt, dann ist es für das Kind ganz besonders interessant. Damit Kinder ihren Interessen nachgehen können – und das gilt auch für die Erwachsenen –, brauchen sie Zeit, und sie müssen das ihrem eigenen Rhythmus gemäß tun dürfen. Wir haben als Erwachsene die Tendenz, den Kindern unseren Rhythmus aufzuzwingen. Es gelingt zwar nicht, führt aber zu Irritationen. Wer schon einmal versucht hat, einem vierjährigen Kind nahezubringen, sich zu beeilen in einer bestimmten Situation, weiß, wovon ich spreche; die Ermahnungen zur Eile münden in noch größeres Verweilen bei Dingen, die gerade erst jetzt höchst interessant geworden sind. Man könnte es von Anfang an besser wissen: Interesse, Exploration ist dann befriedigend, wenn wir einer Sache im uns eigenen Rhythmus nachgehen können.

Neugierige, interessierte Beziehungspersonen, die selbst gern experimentieren, regen natürlich mehr Interessen an als Menschen, die vor allem etwas Ungewohnten Angst haben, die alles beim alten lassen wollen. Eine ganz wichtige Rolle bei der Entwicklung von Interesse und Neugier spielt die Phantasie. Kinder, bei denen die Phantasie wenig angeregt oder sogar blockiert wird, entwickeln weniger Interesse. Es gibt neue Forschungen, die zeigen, daß schon zweijährige Kinder sehr wohl wissen, wann es ein »Als-ob-Spiel« ist, sie können also zwischen Alltagsrealität und imaginativer Realität unterscheiden.[10] Das heißt, daß wir Menschen neben unserem mehr oder weniger bewußten Denken schon immer über dieses imaginative Denken verfügen. Die Welt des Imaginären kann sehr viel Interesse wecken und sehr interessant sein. Kinder – und auch Erwachsene –, die in einer wenig stimulierenden Umgebung leben müssen, können sich in eine interessante Phantasiewelt flüchten. Der französische Philosoph Gabriel Marcel[11] sagte von sich, er habe äußerlich eine gähnend langweilige Kindheit gehabt, innerlich aber in einer äußerst interessanten Phantasiewelt gelebt. Andere Kinder, deren Interesse zu wenig stimuliert wird, leben in Geschichten und später in den Büchern, die sie lesen. Auch wenn relativ wenig Stimulation da ist, können Menschen diese Stimulation sich selbst geben; das ist aber leichter möglich, wenn zu Beginn des Lebens ein Grundinteresse vorhanden war. Dieses Grundinteresse gibt das Lebensgefühl, ein interessanter Mensch in einer interessanten Welt zu sein. Und wenn es einmal zufällig gerade nicht interessant ist, dann macht das nichts, denn dann sucht man etwas, wofür man sich interessieren kann. Hat man dieses Lebensgefühl nicht, ist man im Grunde seines Herzens davon überzeugt, daß sich niemand für einen interessiert, dann ist man in der Welt heimatlos und uninteressant. Doch weil man sich ja für sich selbst interessieren muß, aber nicht interessant ist, muß man sich dann eben interessant machen, eine Dynamik, die für die narzißtischen Störungen charakteristisch ist.

Bei der Sozialisierung von Interesse und Neugier spielen die Geschwister eine wichtige Rolle. Anregung kommt nicht nur von den erwachsenen Beziehungspersonen, sondern auch von den Geschwistern, von den Freunden, und die Anregung kann sich auf alle Gebiete des Lebens erstrecken: auf die Bewältigung des Alltags, sie kann künstlerisch, intellektuell, spirituell sein. Werden verschiedene Ebenen des Lebens angeregt, mit Interesse besetzt, so sind mehr Optionen für Interesse offen. Geschwister sind, obwohl sie einem auch gleichen, dennoch eigene Persönlichkeiten mit einer individuellen Sozialisierung, und deshalb bringen sie immer auch mehr ein als die Familieninteressen. Auch ist es so, daß man zu zweit oder zu dritt andere Phantasien entwickelt, als wenn man allein ist. Die gemeinsamen Phantasien entwickeln eine Dynamik, die sich von der eigenen einsamen Phantasiedynamik unterscheidet.

Bei der Entwicklung von Neugier und Interesse spielt aber auch eine Rolle, ob Kinder in einer Familie aufwachsen, in der Phantasie ein Aspekt des Alltagslebens ist. Was meine ich damit?

Ich besuche z. B. eine mir vertraute Familie; ein Springseil liegt am Boden, ich frage, wer im Moment mit dem Springseil spielt. Ich werde belehrt: Das ist kein Springseil, sondern ein Telefon. Es wird auch sofort in Betrieb genommen. Einige Wochen später besuche ich die Familie wieder. Das Springseil liegt immer noch da. Ich frage, ob das Telefon noch funktioniert. Das ist kein Telefon mehr, jetzt ist es die Grenze zu Norwegen. Einige Wochen später ist aus dieser Grenze eine Schlange geworden ...

Ist so etwas Alltag in einer Familie, dann zeigt das, daß die Phantasie in einer ganz selbstverständlichen Weise einen großen

Raum einnimmt. In einer solchen Familie muß man sich nicht vornehmen, auch noch etwas für die Phantasie zu tun (weil man weiß, daß das gut ist für die Entwicklung von Innerlichkeit und Kreativität) – dieser Lebensbereich ist einfach vorhanden.

Die Hemmung des Explorationsverhaltens geht nicht nur von einer überängstlichen Umgebung aus, sondern auch von einer Umgebung, die die Interessen der Kinder zu sehr bestimmt. Es gibt Eltern, die schon sehr früh das Bedürfnis haben, die Interessen der Kinder zu lenken, oft aus dem mehr oder weniger bewußten Wunsch, daß die Kinder etwas entwickeln mögen, das sie selbst gern entwickelt hätten. So können Menschen sich zum Beispiel beklagen, daß sie so früh schon Musikstunden nehmen mußten, dadurch überfordert waren und ein Interesse an der Musik gar nicht mehr wirklich aufkommen konnte.

In der Sozialisation von Neugier und Interesse ist oft ein Bruch festzustellen. Menschen sagen dann von sich, sie hätten als kleineres Kind noch viele Interessen gehabt, denen sie mit viel Energie nachgegangen seien. Mit Beginn der Schulzeit, so vermuten sie, seien viele Interessen verschwunden, sie hätten vielleicht einfach keine Zeit mehr gehabt für ihre Interessen. Diese Beobachtung kann man auch machen, wenn man mit Menschen eine Freudenbiographie rekonstruiert, d. h. folgende Fragestellung bearbeitet: Was hat mir Freude gemacht in meinem Leben, was löst bei mir jetzt noch Freuden aus, was ist aus den Freuden der Kindheit geworden?[12] Bei der Rekonstruktion der Freudenbiographie stellt man oft fest, daß sich beim Vorschulkind viele Freuden ausmachen lassen, die auch mit Interesse verbunden sind. Beim Schulkind verschwinden dann einige dieser Interessen. Das ist zum Teil natürlich entwicklungsbedingt, zum Teil aber auch dadurch, daß mit Schulbeginn die Eigeninteressen wesentlich mehr als zuvor mit den geforderten Interessen der Schule kollidieren.

Bindungstheorie

Es gibt eine natürliche Neugier des Menschen, die dem Explorationsverhalten vorangeht, eine Voraussetzung für Entwicklung und Lernen. Eine Basis, eine Grundbedingung für die Entwicklung von neugierigen, explorativen, interessierten Menschen ist die Qualität der frühen Bindung zu den Bindungspersonen. Diese Bindungsqualität scheint entscheidend zu sein für die Entwicklung eines generellen Interesses oder einer generellen Neugier.

Arend, Gove und Sroufe[13] haben schon 1979 in einer Längsschnittstudie gezeigt, daß Kinder, die mit 18 Monaten unsicher gebunden waren, mit fünf Jahren weniger Neugier zeigten als sicher gebundene Kinder. Eine unsichere Bindung erschwert offenbar die Entwicklung von Neugier und Interesse und damit auch selbständiges Explorationsverhalten. Diese Forschungen wurden weitergeführt, und es scheint bewiesen zu sein, daß sicher gebundene Kinder bereits im zweiten und dritten Lebensjahr mehr Phantasie, mehr positive Affekte – Interesse und Neugier gehören dazu – und mehr Ausdauer zeigen.[14]

Mit dem Konzept der sicheren Bindung kann auch die Theorie der Robustheit in Verbindung gebracht werden. Suzanne Kobasa hat einen bestimmten Persönlichkeitszug als Robustheit (Hardiness) beschrieben.[15] Sie läßt sich charakterisieren durch die Fähigkeit, sich psychisch und physisch in Aktivitäten engagieren zu können, sowie durch die Überzeugung, das Leben beeinflussen zu können, etwas zu bewirken, und durch die Haltung, sich herausfordern zu lassen durch Schwierigkeiten. »Robuste Menschen« sind Menschen mit einer sicheren Identität oder mit einem relativ starken Ich. Und diese Robustheit korreliert mit Neugier. Robuste Menschen nach dieser Definition sind neugierige Menschen und haben die Tendenz, Erfahrungen, die sie machen, grundsätzlich als sinnvoll und interessant zu sehen. Menschen mit größerer Robustheit sehen die Zukunft eher optimistisch, was wiederum eine Voraussetzung für ein glücklicheres Leben ist. Veränderungen im Leben werden erwartet und als Anreiz für die persönliche Entwicklung genommen. Daraus gewinnen diese Menschen die Überzeugung, daß sie eine Kontrolle über die Ereignisse im Leben haben, die ihnen zunächst zustoßen wie jedem anderen auch, aus denen sie dann aber etwas machen. Geringe Robustheit bringt indessen Menschen dazu, die Umwelt für bedeutungslos, langweilig und bedrohlich zu halten. Sie versuchen, so wenig wie möglich das Leben zu verändern, und glauben nicht daran, daß sie ihr Schicksal auch in die Hand nehmen können. Und das ist im Grunde genommen eine Umschreibung von Depression. Robustheit ist ein guter Puffer gegen Streß.

Diese Robustheit scheint recht gut mit einer sicheren Bindung zu korrelieren.

Bindungstheoretiker und Bindungstheoretikerinnen gehen allerdings davon aus, daß auch Menschen, die am Anfang des Lebens nicht sicher gebunden sind, dies im Laufe des Lebens nachholen können, entweder durch sichere persönliche Bindungen im privaten Bereich oder in der Therapie. Lotte Köhler[16] sieht einen Grund, warum Therapie überhaupt funktionieren kann, darin, daß man das Bindungssystem eines Menschen verändern und ein sicheres Bindungsmuster durch die therapeutische Beziehung herstellen kann.

Sichere Bindung

Die Bindungstheorie ist von Bowlby begründet und dann von Ainsworth weiterentwickelt worden. Heute wird intensiv auf diesem Gebiet geforscht, es gibt sogar Längsschnittuntersuchungen,[17] die die Bindungsqualität über 20 Jahre lang bei den gleichen Menschen verfolgt haben. Heute liefert die Bindungstheorie der Psychoanalyse wichtige Impulse, obwohl die Ideen von Bowlby zunächst von der Psychoanalyse vehement abgelehnt wurden.

Bowlby postulierte, daß es biologisch angelegte Bindungssysteme gibt, die bewirken, daß jedes Junge einer Spezies, also auch die

Jungen der Spezies Mensch, bei Gefahr – komme sie von außen oder von innen – Sicherheit und Schutz bei einem Älteren sucht; diese Älteren sind meistens die Eltern. Die Person, bei der man meistens Schutz sucht, ist nach Bowlby die Bindungsperson. Die Bindungsperson ist die Person, zu der das Neugeborene in den allerersten Lebensmonaten den meisten Kontakt hat; in dieser Zeit wird die Bindung an die Bindungsperson ausgebildet. Droht irgendwann im Leben Trennung, wird das Bindungssystem aktiviert und damit die Bindungsmuster, die man eben am Anfang des Lebens gebildet hat, die sich aber durchaus umbilden können.

Mary Ainsworth und ihr Team haben einen Test entwickelt, die »Fremde Situation«, mit dem die Bindungsqualität gemessen werden kann. Bei dieser Testsituation werden von einem Versuchsleiter/einer Versuchsleiterin Mutter und Kind oder Vater und Kind begrüßt – der Einfachheit halber spreche ich jetzt jeweils von Mutter und Kind. Mutter und Kind sind zunächst allein im Raum. Das Kind beginnt zu explorieren, sieht sich im Raum um, nimmt Kontakt mit den Spielsachen auf. Nach drei Minuten betritt eine Fremde den Raum, setzt sich zunächst schweigend auf einen Stuhl, plaudert dann mit der Mutter und nimmt Kontakt mit dem Kind auf. Dann verläßt die Mutter den Raum, die Fremde ist jetzt allein mit dem Kind. Nach drei Minuten kommt die Mutter wieder zurück, und dann verläßt sie den Raum erneut. Ist das Kind traurig, dann macht die fremde Person mit ihm ein Spiel oder macht ein Spielangebot. Dann kommt die Mutter wieder zurück. Die Reaktionen des Kindes auf die Rückkehr der Mutter, das Verhalten des Kindes, wenn die Mutter wieder hereinkommt, wird als Indikator für die Bindungsqualität betrachtet.

Dabei wurde festgestellt, daß es nur drei bzw. vier Bindungsmuster gibt.[18] Es gibt Kinder mit sicherem Bindungsmuster, Kinder mit vermeidendem Bindungsmuster, Kinder mit einem ambivalentem Bindungsmuster und Kinder mit einem desorganisiert/desorientierten Bindungsmuster.

Kinder mit einem sicheren Bindungsmuster zeigen Kummer, wenn die Mutter den Raum verläßt. Sie unterbrechen möglicherweise das Spiel, suchen nach der Mutter, lassen sich nicht so gern trösten oder zur Neuaufnahme des Spiels überreden. Kommt die Mutter zurück, suchen sie kurz Nähe und Körperkontakt, begrüßen sie freudig und nehmen ihr Spiel wieder auf.

Die Kinder mit einem vermeidenden Bindungsmuster ignorieren den Weggang der Mutter. Die tun so, als ob überhaupt nichts passiert wäre. Sie setzen das Spiel fort, auch die Rückkehr der Mutter wird ignoriert. Die Kinder vermeiden den Blickkontakt, begrüßen sie nicht, sie wirken ruhig, aber man untersucht sie natürlich auch physiologisch, und diese Messungen zeigen, daß sie stark unter Streß stehen, sie haben eine höhere Cortisolausschüttung als sicher oder ambivalent gebundene Kinder. Kinder mit einem vermeidenden Bindungsmuster wirken forciert autonom, benehmen sich, als wäre es ihnen vollkommen egal, ob Mutter anwesend ist oder nicht, insgeheim stehen sie aber unter großem Druck. Und sie spielen ganz intensiv. Es wäre interessant, in einer Langzeitstudie das Augenmerk darauf zu richten, ob aus diesen Kindern »Workaholics« werden.

Im Zusammenhang mit der Entwicklung von Interesse ergibt sich für die Kinder mit einem sicheren Bindungsmuster folgendes: Diese zeigen in späteren Beobachtungssituationen, zum Beispiel im Kindergartenalter, adäquates Sozialverhalten. Sie können Konflikte eher selbständig lösen, haben mehr positive Affekte, also Interesse, Freude usw., mehr Phantasie, mehr Ausdauer. Sie werden als konzentrierter, erfindungsreicher, frustrationstoleranter, neugieriger beschrieben. Auch können sie Gefühle der Trauer und der Aggression zulassen, diese formulieren, und sie können sich Hilfe und Trost holen.[19]

Aus dem Blickwinkel anderer Theorien kann man das sichere Bindungsmuster mit dem Konzept des »Urvertrauens«[20] oder mit dem Konzept des ursprünglich positiven Mutterkomplexes,[21] wie ihn Jung und andere beschrieben haben, in Zusammenhang bringen. Wesentlich am Konzept des Bindungsmusters ist indessen, daß eben die Bindung, die Interaktion zwischen Mutter und Kind im Vordergrund steht.

Für unsere Fragestellung ist wichtig, daß sicher gebundene Kinder neugierig und interessiert sind. Das leuchtet ein, denn das Bindungssystem und das explorative System, sind zwei Motivationssysteme, die antagonistisch zueinander stehen die Aktivierung des einen Systems schließt das andere aus: Wenn sich das Kind fürchtet und Schutz braucht, wird das jeweilige Bindungssystem aktiviert, das Kind sucht Schutz und wird nicht noch weiter erforschen, was noch alles interessant sein könnte. Braucht ein Kind aber wenig Schutz, dann bleibt wesentlich mehr Raum zum Explorieren. Wenn keine Gefahr besteht, dann hat das Kind Zeit für die Neugier, das setzt allerdings Sicherheit voraus, und deshalb konnte man auch voraussagen, daß sicher gebundene Kinder ganz eindeutig neugierigere Kinder sind.

Voraussetzungen für eine sichere Bindung

Nun fragen sich natürlich Bindungstheoretiker und Bindungstheoretikerinnen, was die Voraussetzungen dafür sind, daß Kinder eine sichere Bindung entwickeln können. In der Bindungstheorie herrscht im Rahmen der Tiefenpsychologie und der Psychoanalyse eine große, interessante Forschungsaktivität.

Die mütterliche Feinfühligkeit im Umgang mit dem Kind ist zum einen wesentlich, sie allein genügt aber nicht als Erklärung für den Aufbau einer sicheren Bindung. Daraufhin wurde ein Erwachsenenbindungsinterview entwickelt, in dem die Einstellung der Mutter gegenüber ihrer eigenen Kindheit,[22] also auch das Bindungsmuster der Mutter, festgestellt werden kann. Es wurde erforscht, ob sie z. B. schwierige Bindungserfahrungen aus der Kindheit bewältigt hat. Die Hypothese war, daß verinnerlichte Bindungsmuster einen Einfluß auf die Bindungsqualität der Kinder haben und diese sich voraussagen lassen. Die Hypothese wurde aber nur zum Teil bestätigt.[23]

Die Säuglingsforschung hält die Affektabstimmung zwischen Mutter und Kind, und damit auch die affektive Interaktion immer noch für wesentlich für das Zustandekommen einer sicheren Bindung. Affektabstimmung heißt, daß die Mutter den Gefühlszustand des Säuglings an seinem Verhalten ablesen kann und dieses Verstehen so zum Ausdruck bringt, daß der Säugling seinerseits spürt, daß die Reaktion der Mutter etwas mit seinem Gefühlszustand zu tun hat.[24] Emde,[25] ein Säuglingsbeobachter, hält Freude und Interesse im späteren Leben für ein Indiz dafür, daß die Affektabstimmung in der Entwicklung gut verlaufen ist. Dann sind auch ein Gleichgewicht zwischen Freude und Interesse einerseits, aber auch Wut, Trauer und andere Formen der Unlust auszumachen.

Auch das genügt noch nicht als Erklärung: Eine neue, zusätzliche Theorie wandte sich dem »Containment«[26] zu: Die Bindungsperson nimmt die Affekte wahr, die ein Kind hat, z. B. die ungeheure Wut oder die Trauer, und versteht es, diese zu modifizieren. Containment bedeutet nicht, wie irrtümlich immer wieder gemeint wird, daß eine Beziehungsperson alles aushält. Es bedeutet, daß man den jeweiligen Affekt zuläßt, auch nicht ablenkt von diesem Affekt, sondern daß man versteht, ihn zu verändern, ihn erträglich zu machen. Oft genügt es, daß man einem Kind bestätigend sagt: »Mensch, jetzt bist du aber wirklich wütend.« Und man kann das mit einer Stimme und einer Intonation sagen, die eine Struktur in diesen überbordenden Affekt legt. Ist ein Kind sehr traurig, wird man mit einer tröstenden Stimme sprechen und das Kind halten, vor allem aber den Affekt der Trauer nicht verleugnen. Es gibt immer noch Menschen, die, wohl aus eigenem Erschrecken heraus, ein Kind schelten, wenn es hingefallen ist: Hast du nicht besser aufpassen können, oder: Du hast doch gesehen, daß da ein Stein ist, oder: Mensch, bist du blöd mit deinen zwei linken Füßen. Das ist weder Containment noch hilfreich. Der Schmerz muß aufgenommen werden, die Wut, die Scham auch, daß man hingefallen ist. Ermahnende Bemerkungen, wenn sie denn notwendig sind, bringt man besser in einer Situation an, in der das Kind getröstet ist. Die Qualität des Containments hat einen Einfluß auf die Entwicklung einer sicheren Bindung, erklärt diese aber auch noch nicht hinreichend.

Bindungstheoretiker und Bindungstheoretikerinnen postulierten, man müsse auch noch berücksichtigen, welche unbewußten Phantasien Eltern in bezug auf ihre Kinder haben. Man stellte fest, daß z. B. Frauen, die unbewußt die Vorstellung hatten, daß ihr Kind ein sehr zerbrechliches Wesen sei, einen kontaktvermeidenden Interaktionsstil entwickelten. Bewußt wurde diese unbewußte Phantasie durch Interviews und durch projektive Tests.

Fonagy[27] meint, daß die »Fähigkeit der Eltern, eigenes und fremdes mentales Befinden zu reflektieren«, ein guter Prognosefaktor für die Bindungsqualität des Kindes sei.[28] In dieser Fähigkeit sind möglicherweise einige der oben genannten Bedingungen für eine sichere Bindung enthalten, wie etwa Feinfühligkeit, eine gute Affektabstimmung, ein gutes Containment, das Wissen darüber, welche unbewußten Erwartungen man an das Kind hat.

Die Forschungen im Rahmen der Bindungstheorie sind in vollem Gang, wir werden noch viel davon hören, vielleicht durchaus so manches Widersprüchliche. Sie zeigen meines Erachtens, daß die meisten dieser Perspektiven, die zur Bildung eines sicheren Bindungsmusters beitragen sollen, mit Interesse am Kind in Zusammenhang gebracht werden können, nicht Interesse am Kind als einer schönen Rose im Knopfloch der Eltern, die sich damit narzißtisch aufwerten können, mit der Auflage, daß diese Rose gemäß den Wünschen der Eltern zu blühen habe, sondern ein wirkliches Interesse am Kind als eigener Persönlichkeit, was diesem einen viel größeren Entwicklungsspielraum läßt.

Man könnte sagen, ein lebendiges, andauerndes Interesse am Kind ist wahrscheinlich eine Grundvoraussetzung für eine sichere Bindung. Dieses Interesse muß aber nicht nur von den Eltern aufgebracht werden. Kinder tun selber sehr viel dafür, daß man sich für sie interessiert.

Es gibt unendlich viele Alltagssituationen, die das beweisen.

Stellen Sie sich einmal eine Flughafensituation vor. Die Abflughalle ist überfüllt, man wartet auf ein verspätetes Flugzeug. Was rettet die ganze Situation? Drei, vier Kinder, die herumtoben, je jünger, um so besser; bei kleinen Kindern sind die Älteren noch toleranter, und diese Kleinen erregen großes Interesse. Verschiedene Menschen treten interessiert mit ihnen in Beziehung, und die kleinen Kinder fordern das Interesse auch dort, wo sie es vielleicht zunächst nicht so ohne weiteres bekommen. Es ist einfach, sich für ein Kind zu interessieren, weil das Kind ja auch etwas Neues verspricht, und es ist noch einfacher, sich für ein Kind zu interessieren, wenn man das Interesse dann auch jederzeit wieder abziehen kann. Bei den eigenen Kindern ist nachhaltiges Interesse gefragt.

Dieses nachhaltige Interesse macht nicht nur das Kind interessant, sondern auch den Menschen, der sich interessiert, das Interesse ruft eine Interaktion zwischen zwei oder mehreren Menschen hervor, bei der alle Beteiligten das Selbstgefühl haben, interessant und lebendig zu sein.

Interesse in der Interaktion bewirkt eine sichere Bindung. Einem Menschen Interesse zu signalisieren ist auch eine der größten Bestätigungen, die sich erwachsene Menschen geben können. Menschen, die interessiert zuhören, wenn man spricht, bestätigen einem durch ihr Verhalten, daß das, was man sagt, von Interesse ist. Und das ist eine Voraussetzung für eine stabile Bindung. Umgekehrt: Wenn wir einem Menschen nicht zuhören, ist das ein Versagen von Interesse und eine Form, wie wir einem anderen Menschen den Selbstwert absprechen. Wenn wir sagen oder durch unser Verhalten ausdrücken: »Du interessierst mich nicht«, so sagen wir im Grunde genommen: »Du hast für mich keinen Wert.« Nun sagen wir das in der Regel natürlich nicht, wir benehmen uns nur so, als interessiere uns der andere Mensch überhaupt nicht. Gelegentlich wird es auch so empfunden, weil man sich desinteressiert gibt, obwohl man sich für einen anderen Menschen brennend interessiert. Das Spielen mit dem Interesse im zwischenmenschlichen Bereich ist ein machtvolles Spiel.

Eigene Interessen – geforderte Interessen

Ist das Interesse eine fundamentale Emotion, dann sind auch Störungen des Interesses fundamentale Störungen. Insofern ist es wesentlich für jeden Menschen, herauszufinden, was wirklich die eigenen, wahren Interessen sind. Erich Fromm geht so weit zu fragen: »Was ist psychische Gesundheit anderes als die Fähigkeit des Menschen, seinen wahren Interessen entsprechend zu handeln?«[29] Psychisch gesund zu sein, so diese provokante These, heißt, den eigenen Interessen zu folgen; nicht den wahren Interessen folgen zu dürfen bewirkt eine Entfremdung von sich selbst.

Kleinere Kinder haben ungeheuer viele Interessen, sie teilen aber auch ihre Interessen mit Eltern und Geschwistern, Kinder lernen durch Imitation. Heranwachsende hingegen in der Adoleszenz wissen gelegentlich nicht, ob die Interessen, denen sie nachgehen, eigentlich die ihrer Eltern und ihrer Familie sind oder ihre eigenen. Eine Phase der Passivität, verbunden mit Langeweile, die nicht abgewehrt wird, kann helfen, zu den eigenen Interessen zu finden. Haben Kinder Eltern, die sehr gerne Ski fahren, fahren die Kinder in der Regel auch einfach einmal Ski und finden es toll. Und plötzlich müssen sich diese Kinder mit 15 und 16 fragen, ob sie wirklich gern Ski fahren oder ob es einfach etwas ist, an das sie sich gewöhnt haben. Gelegentlich fahren sie dann ein Jahr lang nicht mehr Ski, und dann wissen sie plötzlich, ob es auch ihr Interesse ist oder nur das der Familie. Familien haben viele Interessen, die die Kinder zunächst übernehmen. Legen die Eltern die Kinder auf diese Interessen zu sehr fest, sind es bald einmal »verschriebene« Interessen. Dann kommt, wie schon erwähnt, noch die Schule dazu. Will man in der Schule erfolgreich sein, dann wird man sich natürlich auch fragen, wofür man sich jetzt interessieren muß. Die eigenen, ganz genuinen Interessen sind möglicherweise in der Schule nicht gefragt. Es stellt sich die Frage der Anpassung: Paßt man sich an die eigenen Interessen an oder an die geforderten Interessen, oder gelingt es – in selteneren Fällen, wie mir scheint –, beides unter einen Hut zu bringen? Einfach ist das auf gar keinen Fall. Das Österreichische Fernsehen hat im Jahr 1999 eine Sendung gezeigt, in der die Situation von Grundschulkindern analysiert wurde. Diese sind in einer Woche 37 Stunden mit Schule oder mit schulischen Belangen beschäftigt! Wo bleibt da noch die Zeit oder die Muße für eigene Interessen?

Es besteht auch im späteren Leben die Gefahr, daß wir uns immer wieder einschränken lassen auf »geforderte«, oft schichtspezifische oder geschlechtsspezifische Interessen. Daß in jeder sozialen Schicht gewisse Interessen »in« sind, die natürlich auch wieder verschwinden und neuen Interessen oder »Trends« Platz machen, wird dann besonders deutlich, wenn man im Laufe des Lebens die Zugehörigkeit zu einer bestimmten Schicht wechselt. Die Intensität der Interessen ist leichter aufrechtzuerhalten, wenn wir unseren originären Interessen folgen, und nicht denen, die man in einer bestimmten Schicht haben soll. Folgt man den geschlechtsspezifischen Interessen, können ganze Interessengebiete vernachlässigt werden. Es ist daher sehr zu begrüßen, daß sich die geschlechtsspezifische Einengung der Interessen für Mädchen und Frauen zunehmend aufhebt; immer wieder hört man von Frauen in »Männerberufen«, was klar darauf hindeutet, daß das geschlechtsspezifische Denken in den Berufen durchaus noch vorhanden ist. Aber sowohl bei den schicht- als auch den geschlechtsspezifischen Interessen, die einem natürlich die Sicherheit geben, daß man der Mehrzahl der Menschen entspricht, also statistisch gesehen »richtig« liegt, kann es sich um eine große Einengung handeln. Man ist in einem Käfig gefangen, und die wirklichen Interessen werden nicht gelebt. Die Imagination ist gefragt, die Imagination für unser besseres Leben.

Es ist durchaus möglich, daß diese schichtspezifischen und geschlechtsspezifischen Interessen uns auf etwas stoßen, das bei uns ein latentes Interesse ist. Wir haben klar aktivierte Interessen, denen wie nachgehen, und es gibt auch latente Interessen, die angestoßen werden müssen. Und dieser Anstoß kann selbstverständlich aus einem solchen »Man-sollte-Interesse«, einem Persona Interesse[30] entspringen.

Anstoß für latente Interessen kommen auch von unseren Beziehungspersonen. Oft wählen wir Menschen für eine nahe Beziehung, die einerseits ähnliche, andererseits aber auch etwas anders gelagerte Interessen haben als wir selbst, und dadurch werden auch unsere latenten Interessen belebt. Es gibt Menschen, die einem anderen Menschen zuliebe ein Interesse zum eigenen Interesse machen, auch wenn es sie nur wenig interessiert.

Eine Frau verabscheute es, in die Berge zu gehen, schon die Hügel der Voralpen waren ihr zu hoch, zu anstrengend. Sie verliebte sich in einen Mann, einen wirklich passionierten Bergsteiger. Und jetzt stieg auch sie zuerst auf die Hügel und dann auf die Berge. Sie war überzeugt, daß sie sich wirklich für das Bergsteigen interessierte, daß sie früher dieses Interesse aus verschiedenen ihr bekannten Gründen bloß abgewehrt habe. Nun machte ihr aber ihr Rücken »einen Strich durch die Rechnung«, sie reagierte auf diese Touren mit »störenden« Rückenbeschwerden. Auch hatte sie oft gegen Ende der Woche Migräneanfälle ...

Sie wollte das wichtigste Interesse ihres Partners teilen – aber sie konnte nicht: es war nicht ihr Interesse. Sie wollte es nicht wahrhaben, aber ihr Körper drückte das aus.

Erlauben wir uns zu lange nicht, unseren wirklichen Interessen zu folgen, werden wir uns selbst fremd. Erlebbar ist diese Entfremdung und der damit einhergehende Verlust von Vitalität bei relativ geringfügigen Interessenkollisionen: Sie möchten am liebsten eine große Wanderung machen. Sofort fallen Ihnen mögliche

Wanderungen ein, und bei der Vorstellung dieser Wanderung werden Sie ganz lebendig. Sie haben aber Pflichten: Sie müssen zum Beispiel an diesem Tag zwei wichtige Sitzungen leiten. Sie können jetzt Ihrem wahren Interesse nicht folgen. Meistens löst man eine solche Interessenkollision mit einem Kompromiß. Zwischen zwei Sitzungen etwas Bewegung im Freien. Aber das ist kein wirklicher Ersatz: In solchen Situationen spüren wir sehr genau, daß wir gegen unser Interesse handeln. Das ist allerdings in der Regel nicht problematisch, wenn man dieses Interesse spürt und ihm auch gelegentlich folgt. Wichtig sind für uns die Lebenssituationen, in denen wir spüren, daß wir nicht dem eigenen Interesse folgen, sondern wo wir einfach irgendwelchen Interessen, die zu Pflichten geworden sind, folgen müssen. Diese Pflichtinteressen sollten wir von unseren eigenen, wahren Interessen unterscheiden.

Wird die Frage nach den wahren Interessen ernsthaft gestellt, werden wir nicht umhinkönnen, einige Pseudointeressen über Bord zu werfen, Interessen, die wir vorgeben zu haben, die aber zu keinem Handeln, zu keinem wirklichen Sachbezug führen. Ob ein Interesse für uns ein wahres Interesse ist, zeigt sich daran, ob uns die Beschäftigung mit dem, was uns interessiert, belebt. Wenn uns die Beschäftigung mit dem, was uns interessiert, nur noch eine zusätzliche Last ist, dann handelt es sich zumindest im Moment nicht um ein wirkliches Interesse. Das kann sich ändern. Interessen sind nicht immer dieselben. Die Intensität der Interessen ist auch nicht immer dieselbe. So können Menschen, die in einem Trauerprozeß stehen, einem Interesse, das sie sonst sehr belebt, nichts abgewinnen.

Unsere Interessen sagen etwas aus über die im Moment konstellierten Selbstanteile, über unser aktuelles Selbstkonzept. Erlauben wir uns zu selten, unseren Interessen zu folgen, dann können diese Selbstanteile nicht realisiert werden, sind wir nicht wirklich in Kontakt mit uns selbst. Das kann uns krank machen, wir haben dann den Eindruck, das Leben habe so keinen Sinn.

Die Frage nach den wahren Interessen und die Überlegung, wie man die wahren Interessen und die geforderten Interessen allenfalls in Einklang bringt, sind unumgänglich. Wir sind vielfach determiniert in unserem Leben, wir haben unendlich viele Zwänge, und deshalb sind und waren Menschen schon immer darauf aus, die Freiheit zu fördern, und die Freiheit zum wirklichen Interesse ist ein ganz wichtiger Teil dieser Freiheit.

Geteilte Interessen

Interesse ist nicht nur eine fundamentale Emotion, im Sich-Interessieren äußert sich eine geheimnisvolle Kraft der Anziehung. Der Wirkkreis des Interesses entfaltet eine besondere Eigendynamik: Ein interessierter Umgang mit etwas in der Welt generiert in der Regel noch mehr Interesse, wir fühlen uns angeregt oder vielleicht sogar aufgeregt. Diese Erfahrung des Sich-Interessierens kann eine ganz private Erfahrung sein, sie kann aber auch geteilt werden. Als private Erfahrung fühle ich mich angezogen von etwas, es belebt mich, ich mache etwas, erforsche, gestalte, es entsteht gelegentlich ein sichtbares Werk, vielleicht nach längeren Kämpfen, und es bleibt dann die Genugtuung, etwas Stimmiges geschaffen oder gemacht zu haben. Außenwelt und Innenwelt sind in der Gestaltung gleichermaßen betroffen. Oder prosaischer: Wir haben nicht nur etwas der äußeren Welt vermittelt, was wir geschaffen haben, das Werk ist zutiefst auch Ausdruck unserer Persönlichkeit. Es hat uns für unser Selbstverständnis, für unsere Selbsterfahrung, für unsere Selbst-Reflexion etwas gebracht, auch wenn man das dem Werk nicht mehr ansieht. Aber auch wenn es gar nicht zu einem abgeschlossenen Werk kommt, wenn man in diesem Prozeß des Sich-Interessierens einfach an etwas arbeitet, mehr wegorientiert denn zielorientiert, werden wir bei diesem Tun lebendiger, interessierter, und wir erleben diesen Prozeß als sinnvoll.

Treten wir nun aber zusätzlich noch in Beziehung zu Menschen, die unsere Interessen teilen, können wir unser Interesse kommunizieren, sei das nun Interesse für diesen Menschen selbst oder das Interesse für eine gemeinsame Sache, dann kommen zwei

Kreise ins Schwingen. Das Interesse des einen verstärkt noch zusätzlich das Interesse des anderen: Das System Interesse ist bei beiden oder sogar bei mehreren Menschen belebt, und das wirkt begeisternd. Sprechen wir miteinander über Interessen, dann wird der Kontakt persönlich und engagiert, man wird miteinander interessierter, der Selbstwert wird besser, man ist animiert.

Im Zusammenhang mit der Bindungstheorie und der Säuglingsforschung wurde bereits auf das gegenseitige Interesse von Bindungsperson und Säugling hingewiesen, wobei das Interesse der Bindungsperson intensiver ist; der Wirkkreis des Interesses wird intensiviert. Vor allem wird auch das natürliche generelle Interesse im Säugling verstärkt, er interessiert sich nicht nur für die Beziehungspersonen, sondern für die Welt um ihn herum ganz generell. Und das gilt nicht nur für Säuglinge: Über das Interesse an einer Beziehungsperson wird auch Interesse an der Welt stimuliert und gleichzeitig das Selbstgefühl, ein interessanter Mensch zu sein, gefördert. Und dieses Selbst- und Lebensgefühl ist ein belebendes, animierendes Gefühl, das uns zudem die Erfahrung von Sinnhaftigkeit des aktuellen Lebens vermittelt. Deshalb versuchen wir auch immer, jemanden für uns persönlich zu interessieren oder für uns zu interessieren durch eine Sache, die wir gemacht haben. Aus diesem Grunde erzählen wir einander auch immer wieder, was wir Kluges, Interessantes, Witziges getan haben. Natürlich geht es dabei auch um Bewunderung, aber es geht auch darum, das Interesse der Zuhörenden zu fesseln. Wir erzählen auch, was wir in der Welt an Interessantem gefunden haben; das kann ein exotisches Rezept sein oder ein wunderbares Zitat, je nach Interessenkreis, in dem man sich bewegt. Dadurch wird das Interesse anderer Menschen auch wieder angeregt, und der Wirkkreis des Interessiertseins geht weiter. Diese Bewegung des Interesses gibt uns Bedeutung, Wohlbefinden und ein Zugehörigkeitsgefühl zu denen, die man interessieren kann und die es verstehen, uns zu interessieren, und sie gibt uns ein Gefühl einer erhöhten Lebendigkeit. Das ist der Grund, warum wir versuchen, auch Interesse auf uns zu ziehen. Sehr oft tun wir das ganz unbewußt, und gelegentlich, besonders dann, wenn es nicht von selbst funktioniert, auch bewußt.

Diesen Wirkkreis des Interesses kann man sehr schön bei Künstlern beobachten. Künstler, kreative Menschen überhaupt, sind besonders neugierig und interessiert. Wenn sie sich für etwas interessieren, bezeichnen sie sich meistens als »fasziniert«, eine Steigerungsform des Interesses. Was sie interessiert, nimmt sie in Beschlag, sie arbeiten, um dieses Faszinierende in eine Form zu bringen. Beim künstlerischen Gestalten kann man sehr gut die gegenseitige Durchdringung von Innen- und Außenwelt erkennen – meistens ist es ja etwas, das Künstler und Künstlerinnen in der Außenwelt gestalten, aber da wird mindestens genauso auch Seelisches gestaltet. Das Arbeiten am Werk beeinflußt wiederum die Psyche; gelingt es, tritt eine Zufriedenheit, ja eine Euphorie ein, mißlingt das Werk, vorübergehend eine Niedergeschlagenheit. Ist ein Werk beendet oder zumindest vorzeigbar, vermag es wiederum andere Menschen zu interessieren, und nicht selten interessieren sich die Menschen über das Interesse am Werk hinaus auch für den Künstler als Person. Kann jemand dem Künstler oder der Künstlerin sein Interesse auch emotional glaubhaft mitteilen, dann bewegt das wieder den Künstler oder die Künstlerin, und dieser oder diese fühlt sich dann noch belebter, meistens auch kreativer. Haben sie aber den Eindruck, kein Mensch nehme Notiz von ihrem Werk, dann bleibt dieser Wirkkreis des Interesses aus, sie können dann leicht depressiv werden. Vielleicht müssen sie sich dann ein hinreichend gutes Selbstwertgefühl retten, indem sie die Mitmenschen entwerten als Banausen, die eben keinen Sinn für die Genialität ihres Werkes haben. Das braucht aber viel Energie: statt in diesem belebenden Wirkkreis von gegenseitigem Interessieren und Interessantsein zu stehen, muß man das Interesse für sich allein aufrechterhalten.

Das Interesse an sich selbst

Das Interesse an unserer eigenen Person ist wahrscheinlich das stabilste Interesse, das wir überhaupt haben, es ist ja auch unsere Verantwortung, unser Leben zu leben, eine eigenständige Persönlichkeit zu werden und auch uns unser Leben zu erhalten. Insofern hat das Interesse auch mit der Befriedigung unserer narzißtischen Bedürfnisse zu tun. Auch wenn wir Interessen haben, die sich mehrheitlich auf die Welt beziehen, ist immer auch ein Stück von uns selbst mitenthalten, ist eine Selbstdefinition damit verbunden, wie schon erwähnt.

Es gibt aber das ganz direkte Interesse an uns selbst: das Interesse geht zunächst nicht auf etwas Äußeres in der Welt hin, es geht nach innen, es zielt auf uns selbst und bezieht Dinge der Außenwelt nur so weit ein, wie sie etwas über uns selbst aussagen. Es ist eigentlich das psychologische Interesse: Wer bin ich, woher komme ich, was kann aus mir werden?

Können wir uns nicht für uns selbst interessieren, können wir nicht in den Wirkkreis des Interesses eintreten, dann müssen wir uns interessant machen.

Das sind Menschen, die sich so verhalten, daß sie ständig Beachtung und Aufmerksamkeit verlangen, die sich »aufblasen«, sich und ihre beabsichtigten Leistungen sichtbar überbewerten und ins beste Licht rücken müssen. Sie müssen sich um jeden Preis interessant machen, und der Preis ist hier eine Selbstbespiegelung, die kaum Interesse bei anderen Menschen weckt, oder nur sehr kurz.

Bei Neugier und Interesse geht es ja gerade nicht um Selbstbespiegelung, es geht um eine Zuwendung zur Welt oder zur Innenwelt mit dem Wunsch, etwas zu durchdringen, zu verstehen oder zu gestalten. Menschen, die sich für sich selbst wirklich interessieren, die neugierig sind auf sich selbst, stehen damit in einem Entwicklungsprozeß, und – da aus dem Interesse Handlungsimpulse kommen – aus dem Interesse ergeben sich Kompetenz und Kreativität. Allport und Izard, die Väter der Emotionsforschung, vertreten die Auffassung, daß bei Tätigkeiten, die zu persönlichem Wachstum und Kreativität führen, Interesse in einem hohen Maße beteiligt ist.[31]

Wir können ohne Interesse und ohne Interessiertsein nicht oder nur schlecht leben, und deshalb regulieren wir die Zufuhr von Interesse, und wir regulieren auch die Produktion von Interesse, meistens unbewußt, und wenn dies nicht mehr funktioniert auch bewußt. Wir treffen uns mit Menschen, die uns potentiell Interesse entgegenbringen und die wir interessant finden, und nicht mit solchen, die uns langweilen. Interessieren sich Menschen erkennbar für uns, dann werden sie in der Regel Freunde oder nähere Bekannte. Wir treffen uns außerhalb des Freundeskreises auch mit Menschen, die gleiche oder ähnliche Interessen pflegen, beim Club der Eisenbahner oder im Literaturclub oder in einer Forschungsgruppe. In diesen Gruppierungen, so weiß man, ist das Zuwendungsinteresse groß, wenn uns nicht die Rivalität einen Strich durch die Rechnung macht. Normalerweise kann man sich dort wunderbar gegenseitig anregen, und zwar nicht nur über das, was substantiell erforscht wird oder geschrieben wird, sondern an der Emotion Interesse, die hier so spürbar ist und von der man sich anstecken lassen kann. Es ist eine Atmosphäre, in der das Interesse fast greifbar wird. Nach dem Zusammensein mit interessierten Menschen ist man selbst auch ein noch interessierterer Mensch, als man es zuvor war. Und das ist ein sehr gutes, lebendiges Lebensgefühl.

Wir können uns von jeder Emotion anstecken lassen. Ist man leicht gelangweilt, dann überlegt man sich, wo denn jetzt etwas

Interessantes stattfinden könnte. Was uns interessiert, darf dann nicht einfach ein Zeitvertreib sein, so daß wir nach Beendigung dieser Aktion wieder genauso unlebendig sind. Das Interessante, das wir suchen, soll uns nachhaltig beleben, unsere eigenen Interessen wieder lebendig werden lassen. Es soll uns das Lebensgefühl geben, daß wir uns wieder interessierter, angeregter fühlen, wieder mehr in der Lage, das Gute, was das Leben zu bieten hat, auch zu sehen. Gelingt das nicht, dann sind wir unzufrieden. Gehen wir in einen Film, von dem wir erwarten, daß er uns anregt, und er vermag das nicht – und das ist nicht immer die Schuld des Films –, dann sind wir erst recht mißmutig.

Wir Menschen wissen, bewußt oder manchmal auch unbewußt, um das Lebenselixier Interesse. Und wir suchen dieses Lebenselixier. Wir wissen recht gut, wo wir in solche Wirkkreise des Interesses hineinkommen können, wo es Interesse gibt, wo unser Interesse anzuregen ist. Gelingt uns das nicht, können wir auch eine Sucht entwickeln; die Suche kann zu einer Sucht werden, weil wir diese Belebung, die aus einer Interaktion mit Menschen oder mit der Welt kommt, so sehr suchen, natürlich auch etwas, das frühkindlich und in der Kindheit so lebendig war.

Wir wissen für unser eigenes Leben recht gut, wo wir uns diese Injektionen von Interesse normalerweise holen können. Wir suchen Menschen, für die wir uns interessieren und denen wir wiederum das Gefühl geben können, interessant zu sein. Wir suchen aber auch Menschen, die sich für uns interessieren und uns auch das Gefühl geben, interessant zu sein. Und dieses Interesse, das wir einander zeigen, ist meistens eher eine Form der Aufmerksamkeit als etwas, das wir einander mitteilen. Interessiere ich mich für das, was ein Mensch geschaffen hat, dann werde ich dem sehr viel Aufmerksamkeit schenken. Ich werde kaum ständig meiner Begeisterung Ausdruck geben, aber natürlich werde ich sie zum Ausdruck bringen. Das Maß, in dem sich ein anderer Mensch für uns interessiert, spürt man aber doch eher an der Aufmerksamkeit, die dieser Mensch dem widmet, was wir zu geben haben.

Es gibt Menschen, die ständig bewundern, alles wahnsinnig interessant, toll, »megageil« finden. Und doch ist kein wirkliches Interesse spürbar. Der Wirkkreis des Interesses kommt nicht in Schwung, man bringt einander nicht in Schwung. Gelingt es, in diesen Interessenzirkel einzutreten, durch den das Interesse des einen das Interesse des anderen weckt, eine Interessenkumulation stattfindet, dann gibt das ein sehr gutes Gefühl der Lebendigkeit und damit verbunden ein sehr gutes Selbstwertgefühl. Darüber hinaus kann sich ein Gefühl von Angezogensein entwickeln. Man hat teil, nicht einfach an einem anderen Menschen, sondern man hat auch teil an den interessanten Dingen im Leben. Man hat nicht nur teil am Destruktiven im Leben, sondern man hat teil an interessanten Dingen, an den kreativen Dingen im Leben. Und dadurch hat man natürlich ein ganz sicheres Identitätsgefühl. Dieses sichere Identitätsgefühl wiederum bewirkt, daß wir uns noch mehr öffnen können infolgedessen wird alles noch interessanter. Zu Ende geht diese Form des Angeregtseins, weil man keine Energie mehr dafür hat, schlafen oder sich anderen Dingen zuwenden muß. Aber als Grundstimmung begleitet uns dieses Gefühl noch längere Zeit. Dieses Angeregtsein, dieses Lebendigsein, dieses Interessiertsein ist vielleicht die beste Form, etwas miteinander gestalten zu können, ohne daß der eine oder die andere an Lebendigkeit verliert.

Die narzißtische Störung

Es gibt Menschen, die in diesen Wirkkreis von Interesse nicht eintreten können, die überzeugt sind, zu wenig Interesse zu bekommen und auch zu wenig Interesse wecken zu können. Falls es ihnen doch gelingt, dann hat das Interesse niemals die Intensität, das es haben müßte, um sie zufriedenzustellen. Diese Menschen werden einsam und müssen sich selbst Interesse geben, wenn das überhaupt möglich ist. Menschen mit einer narzißtischen Störung interessieren sich nur für andere Menschen, wenn diese als

Echo für die eigene Person fungieren. Narzißtische Störungen zeigen sich in einer Störung des Selbstgefühls. Menschen mit einer narzißtischen Störung können unter Belastung nur schwer die Vorstellung aufrechterhalten, ein eigenes, abgegrenztes und dennoch auf andere Menschen bezogenes Wesen zu sein, mit eigenen Gefühlen, Empfindungen und Reaktionen. Die Beziehungen zu anderen Menschen werden dazu verwendet, Bedürfnisse nach Bestätigung, Bewunderung, Anerkennung zu befriedigen und dadurch das labile Selbstgefühl zu stützen. Gelegentlich wird gesagt, diese Menschen interessierten sich nur für sich selbst. Würden sie das wirklich tun, dann wäre das sinnvoll, es ist indessen bloß ein Pseudointeresse, was sie sich selbst entgegenbringen. Sie müßten sich für sich selbst interessieren, aber Menschen mit narzißtischen Problemen idealisieren sich, statt sich zu interessieren, sie müssen sich selbst bewundern, und das kostet sehr viel Energie. Deshalb sind sie auf der Suche nach Bewunderern und Bewunderinnen. Doch das Bewundern dauert meistens nicht lange; viele Menschen sind durchaus willens, jemanden eine gewisse Zeit lang zu bewundern, aber ein wenig bewundert werden müssen sie selbst dabei natürlich auch. Wenn nichts zurückkommt, wenn unsere Interaktionen, wenn unsere Beziehungen nicht eine gewisse Gleichgewichtigkeit haben, dann verlieren wir das Interesse. Sich für einen anderen Menschen interessieren können narzißtische Menschen gerade nicht. Sie haben einen Mangel an echtem Interesse für die Außenwelt; dieser Mangel wird aber versteckt. Doch sie wissen demnach genau – wie wohl alle Menschen –, daß über das Interesse, das wir zeigen, uns auch Interesse zuteil wird. Interessiere ich mich für einen anderen Menschen, besteht eine große Wahrscheinlichkeit, daß dieser Mensch sich auch für mich interessiert, zumindest ein bißchen. Dieses fehlende Interesse für die Welt wird nicht etwa ausagiert, sondern es wird kaschiert und geradezu ins Gegenteil verkehrt: Narzißtische Menschen können sich sogar ganz besonders interessiert zeigen, vermitteln aber nicht das Gefühl, daß dieses Interesse echt ist.

Man bekommt statt dessen leicht den Eindruck, ausgehorcht, ausgefragt, irgendwie benutzt zu werden. Sie fragen scheinbar interessiert nach etwas und warten auf ein Stichwort, um dann lang und ausführlich zu erzählen, was ihnen selbst wichtig ist.

Wir brauchen jedoch das echte Interesse. Das kaschierte Pseudointeresse für andere Menschen bringt die ersehnte Lebendigkeit und Anregung nicht. Also müssen diese Menschen versuchen, die Aufmerksamkeit auf sich zu ziehen, wenn sie denn nicht von selbst entsteht: Sie machen sich interessant. Weil sie sich nicht interessant fühlen, spielen sich in irgendeiner Weise auf, damit sie auffallen. Nicht: Ich bin ein interessanter Mensch in einer interessanten Welt, ist ihr Grundgefühl, sondern: Ich bin ein uninteressanter Mensch in einer uninteressanten Welt, aber ich brauche dringend das Interesse und das Interessiertsein. Und deshalb versuchen sie, sich interessant zu machen und jedes auch noch so kleine Fünkchen von Interesse auf sich zu ziehen. Sie heischen nach ständiger Bestätigung. Erhalten sie diese nicht, dann versuchen sie durch Schockieren wenigstens ärgerlich getönte Aufmerksamkeit zu bekommen.

Ich habe bis jetzt den extrovertierten Narzißten, die extrovertierte Narzißtin, beschrieben, Menschen, die aus einer alltäglichen Versagung eine große Kränkung machen können. Man hat sie zum Beispiel nicht gegrüßt, vielleicht hat man sie übersehen oder hat selber gerade nicht den besten Tag. Da wird diese Tatsache als Beleg für eine große Ablehnung gehalten, und diese Ablehnung wird lange und ausführlich thematisiert. Dieses Verhalten, das meistens Ablehnung hervorruft, könnte man auch unter dem Aspekt sehen, daß hier ein Mensch ganz dringend und mit falschen Mitteln um Interesse buhlt; auch er möchte ein interessanter Mensch in einer interessanten Welt sein.

Es gibt jedoch auch die introvertierten Narzißten: Im Unterschied zum extrovertierten Narzißten fallen sie nicht auf, im Gegenteil: Sie können fast unbemerkt durchs Leben gehen, aber insgeheim sind sie doch unendlich verschnupft, daß die anderen Menschen sie nicht in ihrer Bedeutung anerkennen, nicht sehen, was für wunderbare Menschen sie sind. Auch sie sind ständig gekränkt, weil ihre Vorzüge nicht erkannt werden, weil man ihnen nicht das ihnen zustehende Interesse schenkt. Auch diese Menschen versuchen, das Interesse auf sich zu lenken, und zwar durch Versteckspielen. Nicht dieses »Hoppla, da bin ich!« des extrovertierten Narzißten zeichnet sie aus, sondern die Haltung »Ich bin nicht da, wo du meinst, daß ich bin. Such mich doch!« Sie geben sich so unendlich geheimnisvoll, und das Geheimnisvolle vermag auch unser Interesse zu wecken. Versucht man aber, hinter dieses Geheimnis zu kommen, dann ist letztlich gar keines vorhanden.

Sprechen wir von Narzißmus, dann sollten wir also nicht nur an jene Menschen denken, die so viel tun, um aufzufallen, um im Mittelpunkt der Bewunderung zu stehen, sondern auch an jene, die zwar vergleichbare Ansprüche haben, sie nicht zeigen und insgeheim fordern, daß die Welt diese Ansprüche hinter einer zur Schau getragenen Anspruchslosigkeit errät.

Nun sind die wenigsten Menschen so durch und durch narzißtisch, sie sind es mehr oder weniger, und es gibt durchaus Lebenssituationen, in denen man eher mit narzißtischem Verhalten reagiert. Gelingt es solchen Menschen mit stark narzißtischen Zügen nicht, Interesse zu wecken, reagieren sie enttäuscht, depressiv oder wütend, oder sie werden körperlich krank. Sieht man die narzißtische Störung unter dem Aspekt des fehlenden Interesses, hat man ein anderes Verständnis für dieses Phänomen: Was so künstlich aufgebläht wirkt, was manchmal so unerträglich auffallend ist, so hinreißend künstlich, daß es einem geradezu Interesse abringt, obwohl man sich gar nicht interessieren will, ist Ausdruck der Hoffnung, doch noch in diesen Wirkkreis von Angezogensein und Belebtwerden durch Interesse eintreten zu können.

Die extreme Form des Narzißmus treffen wir selten an. Aber es kann immer einmal wieder vorkommen, daß wir durch eine

Lebenssituation, zum Beispiel durch Verlust eines geliebten Menschen, narzißtisch verwundbarer sind als üblich und mehr Schwierigkeiten mit der Interesseökonomie haben.

Dennoch ist ein großer Unterschied auszumachen zwischen Menschen, die in der frühkindlichen Phase mit Interesse bedacht worden sind, und solchen, denen dies fehlt. Bei Menschen, bei denen der Wirkkreis des Interesses wenig initiiert worden ist, bei Kindern, für die man sich nicht tatsächlich interessiert hat, aber vorgegeben hat, sich für sie zu interessieren, sind die Voraussetzungen für narzißtische Störungen gegeben. Ob sie dann auch eintreten, hängt davon ab, welche anderen Beziehungen noch geknüpft werden können. Denn das Wecken von Interesse, wie schon gesagt, hat mit Bindung zu tun. Pseudointeressen von seiten der Eltern zeigen sich darin, daß das Kind zwar sehr wichtig ist, nicht aber als Persönlichkeit in sich selbst, mit seinen Bedürfnissen und seiner Besonderheit als Mensch, sondern als ein Objekt, das den eigenen Wert aufpoliert, als ein Selbstobjekt, wie das die Selbstpsychologie ausdrückt.[32] Als Selbstobjekt ist ein Kind wie die Rose im Knopfloch der Mutter oder des Vaters, wie Alice Miller[33] das einmal ausgedrückt hat, aber nicht ein eigenständiges Wesen. Es ist nicht die Boshaftigkeit der Eltern, die diese dazu bringt, Pseudointeressen gegenüber ihrem Kind zu entwickeln, sondern es ist ihre Unfähigkeit, wirkliches Interesse entstehen zu lassen. Von der Bindungstheorie her gesehen heißt das: Das sind Menschen, die eben selbst schon ein unsicher-vermeidendes Bindungsmuster haben. Wenn diese fundamentale Emotion Interesse nicht zumindest hinreichend in das eigene Leben integriert wird, dann fehlt dem Menschen etwas Fundamentales.

Nun gibt es ja nicht nur Eltern, es gibt auch Geschwister, es gibt Großeltern, es gibt noch viele Menschen auf der Welt, mit denen man in eine interessierte Beziehung treten kann, und es braucht gar nicht so furchtbar viel Interesse, bis dieser Wirkkreis des Interesses in Gang kommt, aber es braucht eben dieses Interesse. Und wenn dieses Interesse am Anfang des Lebens nicht vorhanden ist, kann es auch später noch nachgeholt werden. Fonagy[34] zitiert Studien von stabilen Kindern, die nachweisen, daß »eine einzige sicher-verstehende Beziehung für die Entwicklung reflexiver Prozesse genügen und das Kind ›retten‹ kann«.

Nun ist es natürlich denkbar, daß die Bedeutung von wirklichem Interesse gar nicht erkannt wird, daß möglichst viel Aktivitäten diesen Mangel zudecken, bis zum Beispiel eine schwere Depression auch diese nicht mehr möglich macht.

Anmerkungen zur Therapie bei fehlendem Interesse des Patienten an sich selbst

Ist der Wirkkreis des Interesses in einem Menschen wenig entwikkelt, auch wenn das nicht offensichtlich ist, macht sich das auch in einer therapeutischen Beziehung bemerkbar.

Eine wichtige Voraussetzung, wenn man Therapeut oder Therapeutin werden will, ist ein großes Interesse an Menschen, in all ihren Ausprägungen, mit all ihren Sonnen- und Schattenseiten, mit allen Besonderheiten und Absonderlichkeiten. Ähnlich wie zu den frühkindlichen Bindungs- und Beziehungspersonen ist ein Interesse gefragt, das intensiv und gleichzeitig nicht einschränkend ist. Der Mensch, der Hilfe sucht, ist interessant, und es interessiert den Therapeuten oder die Therapeutin, was sich denn im Zusammenspiel mit diesem Menschen ereignen wird. Begegnen wir einem Menschen mit Interesse, wird er auch eher die interessanten Seiten zeigen. Dann kommt der Wirkkreis des Interesses in Gang, und man wird sich gemeinsam für Entwicklungsmöglichkeiten und für die anstehenden Probleme interessieren. Bei der Entscheidung, ob man mit einem Menschen eine Therapie machen will oder nicht, ist die Frage, ob man sich für diesen Menschen genug interessiert, von größter Bedeutung. Und nun gibt es eine Erfahrung, die sehr eigentümlich ist: Man begegnet Menschen, die zunächst ungeheuer interessant wirken; man ist nach den ersten Therapiestunden mit ihnen geradezu beschwingt, sie scheinen sehr interessiert zu sein, und dann stellt man fest, daß es einem zunehmend schwerfällt, sich für sie zu interessieren. Das kann sich verschieden äußern, etwa indem man sich nur sehr schwer konzentrieren kann, indem man nicht mehr zuhören mag, auch dann, wenn sie von schrecklichen Erfahrungen erzählen, die sie gemacht haben in ihrem Leben, indem man Zusammenhänge nicht mehr herstellen mag, den Menschen »vergißt«, wenn er nicht in der Therapie ist. Natürlich befragt man sich zunächst selbst, warum es einem gerade bei diesem Menschen nicht gelingt, das gewohnte Interesse aufrechtzuhalten. Wem bewußt ist, daß Interesse eine fundamentale Emotion ist, der wird darauf schließen, daß dieses Versickern des Interesses auf eine narzißtische Störung hinweisen kann. Dieses fehlende Interesse spürt man sehr leicht in der Gegenübertragung, in der emotionalen Reaktion des Analytikers auf die Analysandin: Das fehlende Interesse äußert sich als Gleichgültigkeit, als Wurstigkeit, als Leere, als Ekel – und natürlich hat man die Tendenz, diese Gefühle abzuwehren, irgend etwas in Szene zu setzen, das diese unangenehmen Gefühle überdeckt. Aber das wäre nur eine Flucht, eine Flucht, die der Mensch, der Hilfe sucht, wahrscheinlich selbst schon zu oft ergriffen hat.

Es stellt sich die Frage, wie man denn zu diesem Wirkkreis des Interesses kommt, wenn er nur wenig oder kaum aktiviert worden ist. Der Therapeut oder die Therapeutin muß zunächst das Interesse aufbringen, das dieser Mensch für sich selbst nicht aufbringt, damit dieser Mensch dann am Ende selbst für sich Interesse aufbringen kann. Das ist aber leichter gesagt als getan. Es gibt allerdings keinen Menschen, der nicht irgendwo eine interessante Facette hätte, und auf diese konzentriert man sich dann zunächst. Oder aber man beschäftigt sich intensiv mit diesem Menschen, vielleicht aus der Perspektive einer für einen selbst interessanten theoretischen Fragestellung. Grundsätzlich gilt für das Generieren von Interesse: Beschäftigen wir uns lange und intensiv genug mit einer Sache, dann beginnen wir uns zu interessieren.

Ist es einem im Rahmen dieser Therapien klar geworden, warum man sich nicht interessieren kann, wird man dieses Interesse nur in einem gewissen Maße von sich fordern, und einen Umweg einschlagen. Man wird an den Komplexen arbeiten.

Interesse und Komplexe

In der Komplextheorie, die von C. G. Jung[35] entwickelt worden ist und in den letzten Jahren im Zusammenhang mit der Säuglingsforschung weiter ausformuliert wurde,[36] gibt es wichtige Aussagen zum Thema des Interesses. Komplexe, so Jung, und die damit verbundenen Abwehrstrategien steuern unsere Interessen.

Mit dieser Theorie findet man eine Erklärung dafür, warum uns nicht einfach alles zu interessieren, warum uns nicht alles »anzuspringen« vermag, sondern daß es ganz bestimmte Themen sind, die unser Interesse nachhaltig zu binden vermögen. Es ist aber auch eine mögliche Erklärung dafür, daß in dem, was uns interessiert, immer auch unsere Innenwelt mitbetroffen ist. Denn das ist ja das Geheimnisvolle am Interessiertsein, daß wir nicht wissen, ob uns die Welt selbst oder ob uns in der Welt unsere Innenwelt entgegenkommt.

Komplexe

Komplexe sind Knotenpunkte, sind Brennpunkte menschlicher Entwicklung. Alle Menschen haben Komplexe, und alle Komplexe, soweit sie nicht durch Traumata abgespalten sind, haben auch eine Beziehung zum Ich-Komplex, also zum Thema der Identität und dem damit verbundenen Selbstwertgefühl. Komplexe sind Konstellationen von verdichteten, generalisierten Erinnerungen, Erfahrungen und Phantasien um ein ähnliches Grundthema herum – meistens ist es ein Beziehungsthema –, die mit einer dazugehörenden Emotion gleicher Qualität besetzt sind. Komplexe sind sehr oft generalisierte Beziehungserfahrungen: Machen wir immer wieder ähnliche Beziehungserfahrungen, die emotional besetzt sind, werden diese durch das Episodengedächtnis internalisiert. Sie sind gespeichert in unserer Innenwelt, sie strukturieren unsere Erinnerung und wir erwarten dann auch, daß das Leben in gewissen Situationen dem Komplex gemäß ablaufen wird. Komplexe werden normalerweise mehr oder weniger verdrängt. Wenn ein Komplex angesprochen wird, und zwar über das Thema, das zum Komplex gehört, oder die Emotion, die ihn ausmacht, dann »springt der Komplex an«. Springt ein Komplex an, ist ein Komplex konstelliert, dann produzieren wir Menschen eine Komplexreaktion. Wir reagieren dann sehr emotional, wir reagieren für die anderen unangemessen übertrieben, für uns selbst aber absolut stimmig. Von außen spricht man davon, daß da ein Mensch eine etwas verzerrte Wahrnehmung der Realität hat. Als Reagierender fühlt man sich – wie immer bei dem angesprochenen Thema – unverstanden. Diese Komplexe bestimmen aber auch, welchen Ausschnitt der Welt wir vor allem im Blickpunkt haben; sie bestimmen auch unser Interesse.

Genese der Komplexe

Die Erklärung von Jung lautet: Komplexe entstehen aus dem Zusammenstoß einer Anpassungsforderung mit der hinsichtlich der Forderung ungeeigneten Beschaffenheit des Individuums. Da ist ein Kind, und da gibt es Beziehungspersonen, und zwischen diesem Kind und diesen Beziehungspersonen gibt es auch Zusammenstöße, und es paßt gelegentlich etwas nicht zusammen. Und deshalb sind eben in den Komplexen die schwierigen Beziehungsmuster unserer Kindheit abgebildet. Komplexe können sich aber bilden, bis wir sterben. Gerade auch im höheren Alter können neue Komplexe entstehen.[37]

Dazu kann man sich ein Kind und eine Beziehungsperson vorstellen, die immer wieder den gleichen Konflikt austragen, etwa ein unordentliches Kind im Konflikt mit einem besonders ordnungsliebenden Vater. Dieser Konflikt wird benannt, Erinnerungsbilder werden wieder wach, und damit wird der Komplex auch emotional zugänglich. Die Bilder dieses Konflikts, als Ausdruck einer generalisierten Erfahrung, werden internalisiert.

Die Wirkung eines Komplexes

Ein etwa 40jähriger Mann gerät außer sich, wenn jemand mit den Fingern auf einem Buch oder einem Dokument »trommelt«. Anläßlich eines Grenzübertritts an einer ihm vertrauten Grenze wurde er, als der Zöllner seinen Ausweis verlangte und dann auf seinem Paß mit den Fingern trommelte, in einer übertriebenen Weise ausfällig. Er wurde auf die Unverhältnismäßigkeit seiner Reaktion hingewiesen, und es wurde suggeriert, er möge doch Hilfe suchen. Sein Verhalten, das ihm im nachhinein selbst sehr peinlich war, von dem er aber weiß, daß es ihn immer wieder »überfällt«, läßt auf einen Komplex schließen. Ich bat ihn, eine solche Situation sich so lebendig wie möglich vorzustellen, bildhaft, mit allen damit verbundenen Gefühlen. Dann bat ich ihn, ähnliche Situationen, die ihm in der Erinnerung auftauchten, ebenso genau zu beschreiben. So fanden wir eine Schlüsselsituation einer schwierigen Beziehungserfahrung. Er erinnert sich:

»Ich bin etwa sechs, sitze am Schreibtisch meines Vaters, wo ich nicht hingehöre. Das ist verbotener Raum. Ich schreibe andächtig, die Zunge hängt mir heraus vor Anstrengung. Da kommt der Vater herein – lautlos, wie mir scheint, aber vielleicht habe ich ihn nicht gehört, weil ich so ins Schreiben vertieft bin. Der Vater ist ungeheuer groß, über drei Meter, und er hat dicke Brillengläser. Er sagt nichts, trommelt mit den Fingern auf meinem Blatt auf seinem Schreibtisch. Ich ahne Böses. Ich werde immer kleiner. Schrumpfe. Schließlich sagt er mit großer Verachtung in der

Stimme: Man muß etwas nicht nur gerne tun, man muß es auch können. Ich bin ganz stumm und ganz wütend und denke: Warte du, bis ich groß bin.«

Weiter erinnert er sich, daß er dann bestraft wurde, weil er am Schreibtisch des Vaters saß, erinnert sich aber nicht mehr an die Strafe.

Das ist eine Erinnerung einer Komplexepisode. Es ist leicht der Pol des Kindes auszumachen, aber auch der Pol des angreifenden Vaters. Die Angst läßt ihn übermächtig groß erscheinen. Das Kind hat aber nicht nur Angst und Wut und schrumpft, es schwört auch Rache: Warte, wenn ich groß bin, werde ich mich rächen. Das ist ihm auch gelungen, indem er schulisch und beruflich eine wesentlich erfolgreichere Karriere macht als sein Vater. Diese Zusammenstöße mit dem Vater, auch der verunglückte Versuch, sich mit dem Vater zu identifizieren, indem er sich wie der Vater an dessen Schreibtisch setzt, dürften sich immer wieder wiederholt haben, so daß wir es wirklich mit einer generalisierten Komplexerfahrung zu tun haben, die sich am Trommeln mit den Fingern festmacht. Das Trommeln mit den Fingern – von Männern – weckt die Assoziation an diese beschämenden Begegnungen mit dem Vater und evoziert die Komplexepisode.

Durch das Episodengedächtnis wird diese Komplexepisode als Ganze internalisiert. Wir werden uns zwar noch lange identifizieren mit dem Kind, das immer wieder zur Ordnung gerufen worden ist, wir haben aber auch die kritisierende Beziehungsperson verinnerlicht. Das ist wichtig im Zusammenhang mit der therapeutischen Arbeit an den Komplexen.[38] Im Komplex ist immer ein Elternanteil oder ein Geschwisteranteil oder ein Täteranteil oder ein Erwachsenenanteil und ein Kindanteil. Wir bleiben in der Regel lange mit dem Kind identifiziert, und den Täter oder das Geschwister oder den Erwachsenen projizieren wir auf die Mitmenschen.

Beim Erzählen wird man sich meistens mit dem Opferanteil des Komplexes identifizieren. Dadurch erfahren wir Empathie mit unserem Opfersein, Angst, Wut oder auch andere Gefühle, und es wird über die Information und über die Emotion eine Verbindung zur Lebensgeschichte hergestellt. Sehr oft ist die Empathie mit dem Opfersein auch eine Empathie mit sich selbst als Kind, das gelitten hat, das sich in der entsprechenden Lebenssituation unverstanden gefühlt hat und sich nicht wehren konnte. Identifizieren wir uns mit dem Täter- oder Täterinnenanteil, der allerdings in der Regel zunächst projiziert ist, dann werden wir uns schämen. Dieser Anteil ist hoch mit Scham besetzt. Aber erst wenn wir diesen Anteil des Komplexes interpersonell und intrapsychisch sehen und akzeptieren können, können wir uns dagegen auch zur Wehr setzen. Ist dieser Anteil aggressiv oder destruktiv, dann wird Aggression gegen die Destruktion notwendig, dann müssen wir uns aggressiv gegen unsere Destruktivität einsetzen. Sind beide Anteile des Komplexes in unseren Gefühlen präsent, wird auch der Täter- oder Täterinnenanteil interpersonell und intrapsychisch erlebt, meist verbunden mit einem gewissen Erschrecken, dann kann es eine Wandlung geben.

In den therapeutischen Prozessen wird lange an der Entwicklung aus diesen Komplexkonstellationen gearbeitet. Oft zeigen sich diese Komplexe in der therapeutischen Beziehung in problematischen Übertragungs-Gegenübertragungs-Kontexten. Man arbeitet vielleicht an einem Traum, oder man spricht über die Beziehung, aber eigentlich spricht man immer über die Komplexe, oder es stellt sich immer wieder die gleiche Komplexdynamik ein: Jemand fühlt sich angegriffen, einer greift an, ohne daß dies beabsichtigt ist. Dadurch wird der therapeutische Prozeß gebremst, blockiert, bis man entschlossener an dieser Schlüsselsituation arbeitet und sich mit beiden Polen des Komplexes identifiziert. Gelingt das, macht man die Erfahrung, daß plötzlich ein neues Thema in der Therapie auftaucht: Traumsymbole, die zuvor nicht erlebbar waren, können erinnert werden, neue Schlüsselsituationen konstellieren sich im Alltag und in der therapeutischen Beziehung: Wandlung ist möglich geworden.

Noch ein Komplex: »Es ist nie gut genug«

Diesen Komplex könnte man in die Kategorie von Minderwertigkeitskomplexen und Überwertigkeitskomplexen einordnen. Die Erfahrung lehrt aber: Je abstrakter wir die Komplexe formulieren, desto weniger wissen wir, worum es geht, desto weniger kann man dann an den Komplexen arbeiten.

Dieser Satz »Es ist nie gut genug« löst wahrscheinlich bei einigen Menschen eine Resonanz aus; es ist ein Komplex, den viele Menschen haben.

Beispiel:
Ein 26jähriger Mann kommt in Therapie. Er beklagt sich darüber, daß er sich so leer fühle, keine wirklichen Interessen habe. Er vergleicht sich mit seinen Mitstudenten, die er als »fanatisch«, so sehr fasziniert vom Studiengebiet, sieht, auch sonst noch voller Interesse für alles mögliche. Er selber ist zwar ganz gut im Studium, aber es ist ihm alles eigentlich ziemlich egal. Er kann gut arbeiten, aber er findet diese Leere sehr schwer auszuhalten. Wenn er eine Arbeit fertiggestellt hat, dann ist er nie zufrieden, er kann es nicht genießen. Vergleicht er sich mit seinen Kollegen, dann fehlt ihm einfach etwas, und zwar etwas Entscheidendes, meint er.

Zufrieden mit einer Arbeit kann er nicht sein, denn man hätte immer noch einiges besser machen können. Das stimmt natürlich, die meisten Menschen bekennen sich aber dazu, nicht perfekt zu sein, und freuen sich einfach, wenn sie eine Arbeit zu einem guten Ende gebracht haben. Nicht dieser junge Student. Lobt ein Professor gar seine Arbeit, dann entwertet er den Lobenden: »Ein Lob von dem ist nicht viel wert, der ist unkritisch.« Gelegentlich verlangt er auch eine Arbeit zurück, weil er sie noch verbessern will. Das ist ein Problem, an dem er arbeiten möchte.

Ein weiteres Problem besteht darin, daß er Konflikte mit Mitstudenten oder Mitstudentinnen nicht austrägt. Machen diese ihm einen Vorwurf, reagiert er beschämt und unterwürfig und gibt zu verstehen, daß er weiß, daß er »nicht gut genug« ist. Er läßt sich auf keine wirkliche Auseinandersetzung ein, sondern gibt eigentümlich verschnupft nach. Daraus ergeben sich ernsthafte Beziehungsprobleme. »Obwohl mich die anderen mögen, solange sie mich nicht kennen, wenden sie sich nach einiger Zeit von mir ab.« Er reagiert darauf mit Enttäuschung, Niedergeschlagenheit, Wut, Ohnmacht. Selbstverständlich hat er auch eine Form der Kompensation entwickelt: Er will alle überflügeln. Praktisch sieht das so aus, daß er sich vornimmt, jeden Tag sechs Stunden zusätzlich zu arbeiten für die Prüfung, im Gegensatz zu seinen Kollegen, die drei Stunden zusätzlich arbeiten wollen, und dann werde »man ja sehen, wer am Schluß lacht«. Das ist eine Größenidee. Er hat noch eine andere Größenidee, die er zwar nicht explizit äußert, die aber sehr machtvoll ist: Daß alle nicht gut genug sind, kann nur er beurteilen, da er sich selbst für die Instanz hält, die weiß, was gut genug ist, oder der zumindest eine solche Instanz in sich hat. Es besteht eine geheime Identifikation mit einer recht machtvollen Instanz, die natürlich in die Beziehungen hineinwirkt. So wollte er in einer Arbeitsgruppe von Kollegen – Frauen gibt es da keine – mitarbeiten. Er fand diese Kollegen interessierter und intelligenter als andere und hoffte, daß ihn ihr Interessiertsein anstecken würde. Diese Kollegen nahmen ihn in ihre Arbeitsgruppe nicht auf mit dem Argument, er mache ihnen ständig ein schlechtes Gewissen, und das störe sie. Sie konnten nicht formulieren, daß es um das Thema »Es ist nicht gut genug« ging, aber offenbar verströmte er sein Urteil: Was ihr macht, das ist nicht gut genug, ihr lernt nicht genug. Als Folge davon bekamen die Mitstudenten ein schlechtes Gewissen. Und dagegen verwahrten sie sich – wohl auch vor den Störungen im Wirkkreis ihres Interesses – indem sie ihm nicht erlaubten, bei ihnen mitzuarbeiten.

Die Komplexkonstellation hinter der Problematik

Der Referenzsatz heißt: Es ist nie gut genug. Fragt man dann nach Geschichten, die in Verbindung mit diesem Satz stehen, erinnert er sich nach längerem Suchen und einigen Träumen, die ihn auf eine Spur des Komplexes brachten, daß er als Kind gern mit Lego gespielt und sehr schöne Bauten gemacht hat. Er stellt sich eine solche Szene vor: Er, das Kind, sicher noch ein Vorschulkind, ist stolz auf ein raffiniertes Bauwerk. Er will es dem Zeitung lesenden Vater zeigen. Der Vater wirft einen kurzen Blick auf diese Lego-Bauten, liest aber weiter in der Zeitung und sagt: Sehr schön. Beeindruckend. Wirklich sehr schön. Der Vater wird aber nicht wirklich als anwesend erlebt, sondern als jemand, der eigentlich zur Zeitung spricht. Und wie reagiert darauf das Kind? Das Kind schämt sich, am liebsten würde es sich in eine Schamecke verziehen. Das Kind hat für sich im Raum eine Scham-Trost-Ecke, in die es sich zurückzieht, und es entschließt sich, alles noch schöner zu machen. »Ich dachte, vielleicht sagte ich es auch leise vor mich hin: Wenn ich es noch besser mache, dann schaut vielleicht der Vater her.« Aus der Scham heraus kam die Reaktion, es noch besser machen zu müssen.

Diese Erzählung beinhaltet eine Komplexepisode: Wir haben den Vater, der wahrscheinlich meint, sich für das Kind zu interessieren, wenn er einmal einen kurzen Blick auf dessen Lego-Bauten wirft, aber nicht wirklich mit dem Kind Kontakt aufnimmt, also sich nicht wirklich interessiert. Das Kind hat sich exponiert, es hat etwas gezeigt, worauf es stolz ist. Wenn Menschen sich exponieren, sich zeigen und Bestätigung dafür haben wollen und diese ausbleibt, dann schämen sie sich, weil sie das Gefühl haben, über ihre Verhältnisse gelebt zu haben, sich zu sehr gezeigt zu haben. Hätte der Vater mit seinem wirklichen Interesse von außen bestätigt, daß ihm hier etwas wirklich Bemerkenswertes gezeigt wird, hätte sich dieses Kind selbstverständlich nicht geschämt, sondern es hätte sich gefreut und aus Freude wahrscheinlich ein noch schöneres Lego-Haus gebaut. Mit dieser Komplexepisode verbunden sind die Emotionen: Scham und Enttäuschung, im nachhinein auch Wut auf den Vater.

Eine Komplexepisode wird als eine generalisierte Erfahrung betrachtet. Generalisiert heißt, daß man viele ähnliche Erfahrungen zu einer bestimmten Erfahrung zusammenfaßt. Möglicherweise hat sich diese Episode so überhaupt nie ereignet. Aber ähnliche Erfahrungen müssen gemacht worden sein, und die werden dann einfach zu einem Bild zusammengebaut. So funktioniert unser Gedächtnis, und in der Erinnerung, im Gedächtnis ist diese Episode abrufbar. Das Erinnerungsbild ist aber die verbindliche subjektive Wirklichkeit, im Moment, in dem man dieses Bild hat. Beginnt man im Zusammenhang mit Komplexepisoden Geschichten zu erzählen und diese sich auch bildhaft vorzustellen, erinnert man sich meistens an weitere verwandte Komplexepisoden.

Eine verwandte Komplexepisode wäre: Die Großmutter wirft einen Blick in sein Schulheft. Er freut sich, daß er Aufmerksamkeit bekommt, und sagt: Kann ich dir vorlesen, was ich geschrieben habe? Und die Großmutter sagt: Nein, das ist nicht nötig, du wirst bestimmt einmal Professor.

Er reagierte darauf mit dem wilden Entschluß, einmal etwas zu schreiben, das so interessant wäre, und zudem in einer ganz kleinen Schrift, so daß die Großmutter ihn inständig darum bitten müßte, es ihm vorzulesen.

Diese Komplexepisode ist ähnlich der ersten: Das Kind hofft auf Interesse und Zustimmung, die Großmutter gibt ihm zwar die Versicherung, er werde einmal ganz wichtig werden – Professoren waren in dieser Familie wichtige Leute –, sie gibt ihm aber nicht das Interesse und nicht die Gelegenheit, etwas miteinander zu teilen und damit vielleicht das Interesse zu intensivieren.

Er war der Jüngste der Familie, mit verhältnismäßig vielen Geschwistern, und er erinnert sich, daß er immer wieder vieles vorschlug, wie man etwas machen könnte, das man den Eltern schenken könnte usw. Und er hat die Erinnerung, daß seine Geschwister alle seine Vorschläge ablehnten mit der Bemerkung, die seien »Bubi«. Auch da habe er sich jeweils geschämt und sich geschworen: Wartet nur, bis ich groß werde. Diese angekündigte Rache verwirklicht er jetzt. Unterdessen erklärt er seinen Geschwistern ständig, daß ihre Vorschläge absolut inadäquat sind, nicht gut genug, geradezu lächerlich! Der Analysand kam nun mit einem etwas gesteigerten Bedürfnis nach Beachtung in die Schule. Er versuchte immer wieder, sich in den Mittelpunkt des Interesses zu spielen, auch mit freiwilligen Spezialleistungen. Er hatte einen »sehr demokratischen« Lehrer, und der sagte dann jeweils: Es ist schon schön, wenn du noch etwas Spezielles machst, aber spiele dich doch nicht immer so in den Vordergrund.« Und dieses »Spiel dich doch nicht so in den Vordergrund«, das beschämte ihn wiederum.

Das sind nun Bilder von Komplexepisoden, Geschichten von Komplexepisoden, die sich emotional und von der Information her miteinander verbinden und seinen Komplex »Es ist nicht gut genug« und die daraus folgenden Reaktionen verstehbar machen.

Betrachtet man das Gemeinsame an diesen Komplexepisoden, dann fällt auf, daß der Junge versucht, über Leistung Interesse zu bekommen, und man interessiert sich nicht wirklich für ihn und sein Werk, allenfalls abstrakt für seine Begabung, die ihm einmal eine gute Position sichern wird. Das Kind reagiert auf das fehlende wirkliche Interesse beschämt. Als ein sehr kraftvolles Kind reagiert es nicht etwa mit Entmutigung oder mit einer Depression, was auch denkbar wäre, sondern mit einem ungeheuren Leistungswillen, trotz des Grundgefühls, daß alles, was es tut, letztlich nicht gut genug ist. Man kann sich diesen inneren Druck vorstellen: Um jeden Preis einmal etwas zu leisten, das gut genug ist, und zutiefst davon überzeugt zu sein, daß das nicht möglich ist.

Die Erfahrungen mit der Arbeitsgruppe haben es ihm bestätigt: Er wird nie gut genug sein. Er hat – wie schon im Zusammenhang mit seinen Geschwistern – Bestrafungsideen, aber auch Vernichtungsideen: Nicht nur er ist nicht gut genug, die andern sind auch nicht gut genug, die Menschheit als Ganze ist nicht gut genug, und die Welt wird zerstört werden, weil wir alle nicht gut genug sind.

Ein so zentraler Komplex mit seinen Facetten beeinflußt das alltägliche Leben und die Erwartungen in die Zukunft. Es ist sinnvoll, einen solchen Komplex therapeutisch zu bearbeiten und damit Veränderung herbeizuführen.

Um an den Komplexen zu arbeiten, arbeitet man an den einzelnen Komplexanteilen.

Meistens sind die Menschen mit dem Kindanteil identifiziert. Identifiziert man sich mit diesem Kind, dann entwickelt man Empathie mit diesem Kind, das eigentlich immer etwas zeigen möchte, sich auf ein gewisses Interesse einschwingen möchte, und es wird einfach im Stich gelassen. Wir internalisieren aber den ganzen Komplex, deshalb muß man sich fragen, wo denn diese Beziehungspersonen, die sich nicht wirklich für ihn interessieren und ihm durch ihr Verhalten zu verstehen geben, daß es nicht gut genug ist, in seinem eigenen Leben wirksam sind. Erst wenn dieser Aspekt auch bewußt ist, als Verhalten sich selbst gegenüber, aber auch als Verhalten gegenüber den anderen Menschen, verändert sich dieses komplexhafte Verhalten. Im Umgang mit sich selbst machte sich diese innere Instanz, die ihm immer wieder sagte, er sei nicht gut genug, deutlich bemerkbar. Aber auch das fehlende Interesse, das auf den Vater projiziert wurde, ist feststellbar: Der junge Mann interessiert sich nicht wirklich für das, was er macht, entwertet auch interessante Arbeiten. Er interessiert sich aber auch nicht für seinen Körper, nimmt tagelang nicht wahr, daß er eine behandlungsbedürftige Wunde hat.

Für ihn war schwierig, die Haltung gegenüber den anderen Menschen aufzugeben, darüber zu befinden, ob etwas gut genug sei. Das war auch ein Thema in der Therapie, wenn er mir den Eindruck vermittelte, alles, was wir erreicht hätten, sei noch nicht gut genug. In der Arbeitsgruppe, zu der er gehören wollte, ging er das Problem offensiv an. Er erklärte seinen Kollegen, daß er immer noch mit ihnen zusammenarbeiten wolle. Er sei in Therapie und habe jetzt verstanden, warum er ihnen ein schlechtes Gewissen gemacht habe. Er wolle sich aber mit seiner Grandiosität auseinandersetzen, er wolle sich auf diese Haltung abarbeiten, sie sollten ihn doch auf Probe aufnehmen ...

Auch das Komplexthema muß reflektiert werden. Was heißt es denn überhaupt, gut genug zu sein? Gut genug, das wäre perfekt, vollkommen, und dann wäre er interessant und müßte sich nie mehr schämen. »Dann würden sich die Leute um mich reißen, ich hätte interessante Beziehungen, ich wäre anregend, die anderen auch ...« Bemerkenswert in diesem Zusammenhang ist, daß auf den Wirkkreis des Interesses eine ungeheure Projektion stattfindet. Er weiß im Grunde genommen gar nicht, was das ist, wenn man sich miteinander für etwas interessiert oder wenn sich Menschen gemeinsam für etwas interessieren. Er hat das überhaupt noch nicht erlebt. Aber er weiß: Da gibt es irgend etwas Ominöses, wenn etwa seine Kollegen so rote Köpfe bekommen und einen Abend lang miteinander diskutieren und er sich total ausgeschlossen fühlt. Um die Teilhabe an dieser Lebendigkeit der anderen ging es ihm. Selbst ein interessanter Mensch zu sein verbindet er mit der Anforderung, vollkommen zu sein. So kann er aber nie interessant werden. Es geht also darum, das Interesse für das Nichtperfekte zu kultivieren, und als intellektueller Mensch hat er sich dann auch sehr in die Philosophie vertieft und sich mit Gedanken von Vorläufigkeit und Korrigierbarkeit vertraut gemacht.

Komplexe strukturieren unsere Interessen

Ausgegangen sind wir von der Idee C. G. Jungs, daß Komplexe auch unsere Interessen strukturieren. Wie sieht das bei diesem Analysanden aus? Zu Beginn der Therapie war nichts gut genug. Er war ein richtiger Besserwisser, ein richtiger Nörgler. Die Therapie war selbstverständlich auch nicht gut genug, sie hätte auch besser sein können. Ich habe ihm das ohne weiteres zugestanden. Ich denke, eine Therapie kann immer auch noch besser sein, aber man muß halt mit dem arbeiten, was im Moment gegeben ist. Immer wieder wies ich ihn darauf hin, daß dieses »Nichts stehenlassen können in seinem Wert« mit seinem Grundkomplex zusammenhing.

Dann stellte ich fest, daß er sich intensiv für Bereiche interessierte, wo jemand oder etwas nicht gut genug war: für Brückeneinstürze bei Autobahnen oder für Staumauern, die zu bersten drohten, weil alles nicht gut genug gebaut war. Er hat sich weiter dafür interessiert, warum das perfekte Verbrechen nie gelingt. Er verwandte viel Arbeit darauf, um diesen Fragestellungen nachzugehen. Das sind nun natürlich Interessen, die nicht besonders fruchtbar sind. Erzählte er von diesen »hochinteressanten Dingen« seinen Kolleginnen und Kollegen, gaben sie ihm zu verstehen, das habe nichts mit ihrem Fach zu tun, und es interessiere sie nicht. Das kränkte ihn, aber er schämte sich nicht mehr.

In einer nächsten Phase machte er sich Gedanken über Optimierung. Wie kann man Dinge, die nicht gut genug sind, optimieren? Und das gipfelte schließlich in der Diplomarbeit, die die Optimierung von Beziehungen im Betrieb zum Thema hatte. Darin hatte er auch verarbeitet, daß Beziehungen nicht ganz perfekt sein können und daß man sich trotzdem füreinander interessieren kann.

Ich hoffe, an diesem sehr gerafften Beispiel gezeigt zu haben, wie fehlendes Interesse komplexhafte Beziehungsmuster erzeugt und wie Komplexe die Interessen steuern. Arbeitet man an den Komplexen, dann verändern sich auch die Interessen.

Spezifische Komplexepisoden steuern spezifische Interessen

Auch unsere Interessen für Therapieformen haben etwas mit unseren Komplexen zu tun. Familientherapeuten und -therapeutinnen sind nach Rosmarie Welter-Enderlin[39] sogenannte Eltern-Kinder. Das heißt, sie sind es gewohnt, zwischen Polen zu vermitteln, sie sind es gewohnt, einen Streit entweder zu verhindern oder in einem Streit zu vermitteln. Sie fühlten sich als Kinder überverantwortlich und von ihrem Auftrag überfordert. Aus diesen Vermittler-Kindern, so Welter-Enderlin, werden oft Paartherapeuten und Paartherapeutinnen. Komplextheoretisch gesprochen geht es um einen ganz charakteristisch gefärbten Helfer-Komplex: Streitende Eltern, eigentlich in der Rolle von Kindern, bedrohen das Kind. Das Kind ist zwar bedroht, muß aber jetzt dafür sorgen, daß Sicherheit und Loyalität wieder hergestellt werden. Die Eltern suchen jemanden, dem man den Elternanteil delegieren kann, suchen nach jemand Vernünftigem in dieser Situation. Und der vernünftige Mensch ist das Kind. Und das Kind bleibt eben nicht nur in der bedrohten Kindposition, sondern nimmt die Elternposition ein und ist überfordert. In der Therapie sagte mir einmal eine Frau: »Ich war ein zitterndes kleines Mädchen und versuchte, genauso wie meine große, alte, kluge, energische Großmutter, meine Eltern zur Ordnung zu rufen.« Diese Vermittlerrolle, so Rosmarie Welter-Enderlin, hat man internalisiert, und als Paar- oder Familientherapeut holt man sich dann Jahre später das Know-how, um dieses Problem besser lösen zu können.

Oder ein anderes Beispiel:
Zwei Kinder sind in einem Haus aufgewachsen, das zwischen zwei stark befahrenen Straßen lag. Ihre größte Angst der Kindheit war es, überfahren zu werden, davon haben sie auch ständig gesprochen. Das ist nun ein etwas anders gearteter Komplex: Da war nicht ein Elternteil oder ein Geschwister, von dem sie sich bedroht

fühlten, sondern es waren die Autos und die Motorräder, die ihre Freiheit einschränkten. Den schutzlosen Kindern in dieser Komplexepisode drohen die rasenden, aggressiven Motorfahrzeuge vor und hinter dem Haus. In Gesprächen und in den Schulaufsätzen dieser Kinder war die Gefahr des Überfahrenwerdens fast immer Thema, wesentlich öfter als bei den anderen Kindern.

Als Erwachsener kümmert sich der Mann nun um Wanderwege und wie man die Wanderwege von Mountainbikern freihalten kann. Ihm ist es auch ein großes Anliegen, daß immer wieder neue Wanderwege entstehen, und er versucht, andere für diese seine Ideen zu begeistern und sie dazu zu bringen, mitzuarbeiten. Seine Schwester hat Geologie studiert und ist Höhlenforscherin geworden. Sie hat eine ausgesprochene Vorliebe für eine bestimmte Höhle, weil sie dort Ruhe und Geborgenheit findet und immer wieder etwas Neues entdeckt.

Die Geschwister mit einem gemeinsamen Komplex haben Interessen entwickelt, die in einem gemeinsamen Umfeld liegen, und dennoch sind es individuelle Interessen.

Oder noch ein anderes Beispiel:
Eine Frau, die einen Komplex im Bereich des »Übersehenwerdens« hat, engagiert sich in einer politischen Partei, die sich um Benachteiligte kümmert, und weist in ihrer Parteiarbeit immer wieder darauf hin, welche Bevölkerungsgruppen jetzt gerade wieder zu wenig »gesehen« werden.

Man könnte diese Beispiele vermehren: Spezifische Komplexepisoden steuern nachweisbar Interessen, und indem man diesen Interessen nachgeht, werden die Komplexthemen auch bearbeitet.

Großkomplexe haben Einfluß auf die Richtung von Interessen

Verschiedene einzelnen Komplexepisoden können sich auch verbinden, und dann spricht man davon, daß ein Mensch zum Beispiel einen positiven Mutterkomplex, einen negativen Vaterkomplex und einen hinreichend kohärenten Ichkomplex hat. Was ist damit gemeint? Ist die Gesamtheit der Komplexepisoden mit der Mutter, mit dem Mütterlichen in verschiedenen Menschen, mit dem Mutterraum alles in allem eher lebensfördernd, spricht man von einem positiven Mutterkomplex; wirkt sich die Gesamtheit der Komplexepisoden mit Vater, Väterlichem und dem Vaterraum eher lebenshemmend aus, dann von einem negativen Vaterkomplex. Diese Gesamtprägung durch die Komplexe, die sich im Laufe eines Lebens auch verändern kann, gibt den Menschen eine gewisse Ausstrahlung und auch eine gewisse Interessenrichtung. Menschen mit einem positiven Mutterkomplex halten sich für einen guten Menschen in einer guten Welt. Ihre Devise ist: Leben und leben lassen. Sie können das Leben genießen und vertrauen darauf, daß es auch in jeder noch so vertrackten Lebenssituation schon noch irgendeinen Ausweg gibt. Sie interessieren sich für die Fülle das Daseins, für den Genuß und wie man ihn noch optimieren kann, für Phantasien, für Ideen von Teilhabe usw. Die Wellness-Welle verweist auf den positiven Mutterkomplex, die Fitness-Welle eher auf den Vaterkomplex.[40]

Da die einzelnen Komplexepisoden aus dem Zusammenstoß zwischen dem Ich und einer Beziehungsperson entstehen, hat jede Komplexepisode auch Anteil am Ichkomplex. Der Ichkomplex als Ganzer bezieht sich auf alle Vorstellungen, die wir mit uns selbst in Verbindung bringen, durch unsere Identität und das dazugehörige Gefühl des Selbstwerts. Ein hinreichend kohärenter Ichkomplex vermittelt uns ein Gefühl der Einheit und ermöglicht uns, zwischen Innen und Außen zu unterscheiden, eine gewisse Konflikttoleranz aufzubauen. Der Ichkomplex[41] ist dann kohärent, wenn wir die verschiedenen Komplexepisoden wenig verdrängen müssen, sie reflektieren und auch bearbeiten können. Das gilt besonders von den Mutter- und Vaterkomplexen, von denen wir uns immer wieder neu ablösen müssen, um nicht von ihnen dominiert zu sein, und immer mehr zur eigenen Persönlichkeit zu werden. Diese Ablösung erfolgt über die Arbeit an den Komplexepisoden, aber auch alltäglicher darin, daß einem in einer Situation, in der man sich benimmt wie das kleine Mädchen der Kindheit, plötzlich bewußt wird, daß man das kleine Mädchen nicht mehr ist und sich auch anders verhalten kann. Projiziert man zum Beispiel immer noch den verachtenden Vater auf Autoritätspersonen, wird man sich klarmachen müssen, daß nicht alle Autoritätspersonen verachtend sind und daß sogar dann, wenn wir Menschen begegnen, die uns verachten, das uns nicht mehr so beeinträchtigt wie in unserer Kindheit. Wir lassen uns also nicht von einer Angst leiten, unterwerfen uns nicht schon unter ein Schicksal, das vielleicht gar nicht unser harrt, sondern gestalten die Situation nach unseren Möglichkeiten. Der Ichkomplex bewirkt, daß man ein großes Interesse an sich selbst hat.

Wenn die Vorstellungen, die die eigene Person betreffen, die interessantesten sind, dann kann man neugierig werden auf sich selbst, besonders dann, wenn man Dinge tut oder Sachen sagt, die einen selbst staunen lassen, wenn man also feststellt, daß man immer auch für eine Überraschung gut ist, auch sich selbst gegenüber. Das Interesse wendet sich dem zu, was neu wird in unserer Seele[42] und damit auch in unserem Leben.

Wir können aber auch den Ichkomplex im engeren Sinn mit Interesse besetzen, was bei einer narzißtischen Störung, die sich unter anderem durch Leere und Interesselosigkeit zeigt, schwierig ist.

Von der einen Methode habe ich bereits gesprochen: Man erinnert sich an Komplexepisoden und versucht, diese Erinnerungen möglichst lebendig werden zu lassen, auch den emotionalen Anteil daran. Meistens ist man identifiziert mit dem Ichanteil, und nun ist es ausgesprochen wichtig, den Fremdanteil des Komplexes (den Vater einer Vaterkomplexepisode, die Mutter einer Mutterkomplexepisode) auch als einen Aspekt der eigenen Psyche und damit auch als einen Aspekt des Ichkomplexes zu sehen. Das heißt aber, daß man herausfindet, in welchen Situationen man sich auch benimmt wie der Vater der Vaterkomplexepisode, sich selbst gegenüber oder gegenüber den Mitmenschen, und man wird dieses Verhalten verändern. Bei Komplexen aus schwer traumatisierenden Episoden wird man sich von diesem Täteranteil distanzieren.

Das Ausphantasieren der Komplexe

Eine weitere, sehr wirksame Methode ist die Veränderung der Komplexe durch Imagination. Man kann Komplexe »ausphantasieren«. Jung zeigt eine Verbindung von den Komplexen zu den Symbolen auf, vor allem in seiner Vorlesung: »Allgemeines zur Komplextheorie«.

Zunächst zeigt er die Verbindung von den Komplexen zu den Träumen: » ... sie (die Komplexe) sind die handelnden Personen unserer Träume ... (§ 202) und: »Die Traumpsychologie zeigt mit aller nur wünschenswerten Deutlichkeit, wie die Komplexe personifiziert auftreten, wenn kein hemmendes Bewußtsein sie unterdrückt.« (§ 203)

Damit ist auch die Verbindung zwischen dem Komplex und dem Symbol angesprochen, eine Verbindung, die Jung schon früh sehr wichtig war, z. B. 1916 im Aufsatz »Die transzendente Funktion«,[43] in dem er die gefühlsbetonten Inhalte als Ausgangspunkt für Phantasien, also für Symbolbildungen, bezeichnet. »In der Intensität der affektiven Störung liegt ... die Energie, welche der Leidende disponibel haben sollte, um den Zustand der verminderten Anpassung zu beheben.« (TF § 166)

Noch viel deutlicher ist der Zusammenhang von Komplex und Phantasie 1929 ausgedrückt in »Die Probleme der modernen Psychotherapie«:[44]

> »Der Komplex bildet sozusagen eine kleine eingeschlossene Psyche, die ... eine eigentümliche Phantasietätigkeit entwikkelt. Phantasie ist ja überhaupt die Selbsttätigkeit der Seele, die überall da durchbricht, wo die Hemmung durch das Bewußtsein nachläßt oder überhaupt aufhört wie im Schlaf. Im Schlaf erscheint die Phantasie als Traum. Aber auch im Wachen träumen wir unter der Bewußtseinsschwelle weiter und dies ganz besonders vermöge verdrängter oder sonstwie unbewußter Komplexe.« (§ 125)

Mit »sonstwie unbewußter Komplexe« meint Jung Inhalte, die sich aus dem Unbewußten konstellieren, die also zunächst noch gar nicht bewußt waren.

Die Keime neuer Lebensmöglichkeiten, die in den Komplexen auch zu sehen sind, diese schöpferischen Keime, zeigen sich dann, wenn die Komplexe nicht verdrängt werden, wenn man sich auf die Stimmung, das Gefühl oder den Affekt konzentriert und dabei die Phantasien, die auftauchen, wahrnimmt und sie ausgestaltet, also letztlich in den Symbolen. Symbole sind sowohl Ausdruck der Komplexe als auch Verarbeitungsstätte der Komplexe. In den Symbolen werden die Komplexe sichtbar, in den Symbolen phantasieren sich die Komplexe aber auch sozusagen aus.

Der Hinweis darauf, daß in der affektiven Störung die Energie liegt, die der Leidende braucht, ist bedeutsam für die verschiedenen Techniken, wie Imagination, Malen, darstellendes Spiel, Sandspiel und andere Techniken, die wir in der Jungschen Therapie anwenden, um Komplexe bewußter zu machen und eine Wandlung zu ermöglichen.

In der Praxis konzentriert man sich auf eine bereits bildhaft und emotional lebendig erinnerte oder rekonstruierte Komplexepisode und läßt Veränderungen zu.[45]

Klinisches Beispiel
Der Analysand, der die Lego-Situation erinnert hatte, stellte sich noch einmal plastisch die Komplexsituation vor.

»Ich bin wahrscheinlich fünf oder sechs Jahre alt, ich habe einen strubbeligen Haarschopf, eigentlich sehe ich nett aus, vor allem auch, weil ich so ernsthaft ins Spiel vertieft bin. Ich kann die Konzentration fast spüren. Ich baue einen Torbogen, das ist schwierig. Mein Vater sitzt am Tisch und liest Zeitung, wie immer. Wenn ich ihn jetzt so sehe, wirkt er müde. Ich sage: ›Schau, es ist mir gelungen!‹ Er schaut kurz zu mir her und sagt zur Zeitung: ›Sehr interessant, sehr bemerkenswert.‹ Ich werde nicht beschämt, ich werde hartnäckig, stehe auf und sage: ›Du mußt es dir ansehen, komm.‹ Er sagt: ›Nachher.‹ Ich: ›Jetzt!!‹ Ich schaffe es! Vater setzt sich zu mir auf den Boden, gemeinsam überlegen wir, wie wir noch andere Bögen konstruieren könnten.«

Der Analysand ist stolz, daß es ihm in der Imagination gelungen ist, die Komplexepisode zu verändern, daß er sich nicht zurückgezogen, sondern es geschafft hat, den Vater zumindest zum Mitspielen zu bewegen. Er wollte herausfinden, wie weit sich eine solche Erfahrung auf das Alltagsleben übertragen läßt. Er gab seinem Vater eine Arbeit zu lesen, die er gerade geschrieben hatte. Sein Vater gab sie ihm mit höflich lobenden Worten zurück, er verstehe zu wenig von diesem Gebiet. Der Sohn antwortet, er wolle aber, daß der Vater die Arbeit wirklich lese, er wünsche sich einfach mehr Interesse vom Vater. Der Analysand merkte, daß sein Vater nicht wirklich verstand, was er mit Interesse meinte. Er nahm sich vor, sich selbst einmal interessierter mit seinem Vater zu befassen, möglicherweise könnte das helfen.

Die imaginative Arbeit am Komplex, die auch therapeutisch unterstützt werden kann, verändert die Komplexepisode und verändert damit auch den Ichkomplex. Der Mensch fühlt sich dann diesem komplexhaften Geschehen weniger ausgeliefert und kann das Geschehen mehr in die eigene Hand nehmen.

Phantasie und Interesse

Eine entwickelte Innenwelt verstärkt die Fähigkeit, sich zu interessieren. Die Innenwelt ist natürlich immer schon vorhanden und erlebbar; bewußt wird uns das, wenn wir träumen, wenn wir von Emotionen gestört oder von wunderbaren Emotionen ergriffen und beflügelt werden; unsere Innenwelt zeigt sich uns in Phantasien, in den Vorstellungen. Die Innenwelt und die Beziehung zur Innenwelt kann man aber entwickeln, und das kann unter anderem durch Imagination erreicht werden. Die Innenwelt kann sich aber auch entwickeln, wenn man den Kindern erlaubt, ihren Phantasien zu folgen, und indem man sich für die Phantasien der Kinder wirklich interessiert, und das bedeutet, daß man auch in diese Phantasiewelt mit eintaucht.

In den Phantasien drücken sich unsere Komplexe aus, in den Phantasien erweisen sie sich als »Brennpunkte des psychischen Lebens«, als Situationen, die Veränderung erzwingen und zulassen.

Die Entwicklung der Innenwelt ist im Moment gesellschaftlich kaum ein Thema. Es geht eher um Funktionieren, um Effektivität und Effizienz. Damit aber begeben wir uns in eine gefährliche Einseitigkeit. Die Entwicklung der Innenwelt ist von größter Bedeutung, gerade im Zusammenhang mit der Entwicklung und Aufrechterhaltung von Interesse.

Die Imagination, die Vorstellung von nicht mehr oder noch nicht Präsentem, ist eine menschliche Fähigkeit, die mehr oder weniger geübt sein kann. Einerseits bezieht sie ihre Technik aus der Wahrnehmung der ganz konkreten Welt. Sie nutzt alle Kanäle der Wahrnehmung: Wer gut sieht, sieht auch in der Imagination besser, wer eher hört, hört auch in der Imagination. Imaginationen werden dann besonders lebendig und damit auch emotional erfahrbar, wenn sie mit allen Kanälen der Wahrnehmung hergestellt werden. Organisiert aber werden die Bilder der Imagination durch die Emotionen. Insofern ist in den Imaginationen eine geglückte Verbindung von Innenwelt und Außenwelt auszumachen. In der Imagination kann man sich in Zeit und Raum weitgehend frei bewegen, kann also auch die Zukunftsdimension ins aktuelle Leben hereinholen. Darauf weisen neuerdings die Säuglingsforscher und -forscherinnen hin. In einem Aufsatz[46] berichten Emde und Mitarbeiter und Mitarbeiterinnen, daß bereits Kinder von zwei bis drei Jahren Imagination und Realität voneinander trennen können. Im Zusammenhang mit der Erforschung der imaginativen Fähigkeiten bei Kleinkindern werfen sie der Psychotherapie vor, sie habe es in ihren Konzepten versäumt, die Zukunft ins Auge zu fassen, sie würde sich ständig mit der Vergangenheit beschäftigen, die man ja doch nicht verändern könne, dabei gehe es doch eigentlich im menschlichen Leben um die Zukunft.

Der Vorwurf greift nicht so recht, denn gerade das Konzept des Komplexes ist zwar auf eine Prägesituation hin orientiert – der Mensch will wissen, warum er immer wieder in der gleichen Weise etwas verdirbt oder zunichte macht –, der Komplex hat aber auch eine Entwicklungsdimension, auf die Jung schon 1916[47] hingewiesen hat.

Doch auch von der Seite der Säuglingsforschung ist bezeichnenderweise zu hören, daß die Imagination als Potential für die Zukunft gesehen wird, und Interesse meint natürlich immer das Neue, das noch nicht Bekannte, die Zukunft.

Phantasien des Besseren

Phantasien sind gerade auch deshalb interessant, weil wir uns in unseren Phantasien oft vorauseilen; Imaginationen sind oft überraschend, zeigen Neues, zeigen neue Möglichkeiten auf; das können Phantasien eines besseren Lebens sein, ein Vorgriff auf eine Wirklichkeit, die es noch nicht gibt, ein Entwicklungsthema.

Vom heutigen Menschen ist Flexibilität gefordert. Wer nicht flexibel genug ist, läuft Gefahr, unterzugehen. Aber wie wird man flexibel? Man kann Flexibilität eigentlich nur über eine entwickelte Imagination erreichen. Flexibilität im Beruf setzt zum Beispiel voraus, daß man fähig ist, sich einige berufliche Situationen vorzustellen, von denen man den Eindruck hat, sie könnten einen vielleicht auch noch reizen. Und das müßte man bereits üben, bevor man die Stelle verliert oder den Beruf wechseln muß. Denn wenn wir uns in einer Angstsituation befinden, dann sind die vielen Optionen, die grundsätzlich in der Imagination möglich sind, verschwunden. Hat jemand Angst, seine Arbeit zu verlieren, und man fragt ihn, was er denn noch arbeiten könnte, fällt ihm in der Regel nichts ein. Nimmt man diesem Menschen zum Beispiel in einer Krisenintervention die Angst, sind ihm plötzlich wieder Ideen eines anderen möglichen Lebens zugänglich. Eigentlich müßten wir Imaginationsschulen einrichten, wo man sich ohne Not vorstellen darf, in welchen Berufen man sich auch noch am richtigen Platz fühlen und welche Art von Leben einen auch noch befriedigen könnte. Solche Imaginationsschulen könnten mehr Flexibilität im Denken und in den Vorstellungen fördern, und das wäre wiederum eine gute Möglichkeit, mit der Angst umzugehen.

Es wird bereits ersichtlich: Es gibt natürlich nicht nur die Imagination als Öffnung zu einem Neuen, zum Besseren, zum Kreativen hin, in die Zukunft hinein. Diese Öffnung macht uns auch angst. Und die Angst gefriert die Optionen ein, die es durchaus gibt. Es ist also durchaus möglich, daß wir nicht Imaginationen der Öffnung entwickeln, sondern Befürchtungsphantasien.

Befürchtungsphantasien

Fragt man Menschen nach ihren Phantasien, nennen viele Befürchtungsphantasien, Phantasien, was alles schief laufen könnte, was Schlimmes geschehen könnte. Bringt man diese Menschen dazu, einmal zwei Stunden lang einfach nur wahrzunehmen, welche Befürchtungsphantasien sich aufbauen, und bittet man sie, diese zu vergleichen mit dem, was dann wirklich schief gelaufen ist, dann haben die Befürchtungsphantasien einen gewaltigen Überhang. Es ist eine große Verschwendung von Energie, diesen Befürchtungsphantasien nachzuhängen. Zudem: Trifft dann wirklich etwas Unangenehmes ein, und das gehört auch zu einem menschlichen Leben, dann ist es meistens nicht das, was man sich ausgemalt hat.

Woher kommen diese Befürchtungsphantasien? Zum einen haben wir uns natürlich immer mit Bedrohlichem auseinanderzusetzen. Das tun aber diese Befürchtungsphantasien gerade nicht. Inhalt dieser Phantasien sind selten Verhaltensstrategien, sondern Situationen, die den Phantasierenden oder die Phantasierende in die Position eines hilflosen Opfers bringen. Diese Befürchtungsphantasien entspringen der anderen Seite der Komplexe: dem Aspekt der Erinnerung. Sind Komplexe unbearbeitet, sind wir überzeugt davon, daß auf dem Komplexgebiet sich nie etwas verändern wird, daß alles immer so bleiben wird, wie es schon immer war. Deshalb sehen wir das Leben allgemein und auch die Zukunft durch diesen Komplexraster.

Der Student mit der Lego-Komplexepisode, die verbunden war mit der Idee, daß alles nie gut genug sei, trug diese Idee in alle Lebenssituationen hinein. Nichts war gut genug. Begegnet man den anderen Menschen mit dieser Einstellung, werden sie vorsichtig und zurückhaltend – und dann ist vieles wirklich nicht mehr gut genug. Das nennt man eine komplexbedingte, komplexverzerrte Befürchtungsphantasie, und diese Befürchtungsphantasien – und das sagt ja das Wort – haben mit Angst zu tun. Zum einen ist man befangen in einem bestimmten Muster, bedingt durch die Komplexe, die Welt zu sehen, zum andern löst das auch Angst aus. Wenn wir den Eindruck haben, nichts zum Besseren hin verändern zu können, reagieren wir mit Angst. Diese Angst hindert uns dann daran, diese Phantasien des Besseren, des Neuen zu entfalten. Wir verwickeln uns oft auch in Befürchtungsphantasien und können dann diese Vorgriffe der Einbildungskraft nicht mehr leisten, wenn wir uns zu wenig von Autoritätskomplexen abgelöst haben, die oft Abkömmlinge der Vater- und Mutterkomplexe sind. Dann sind wir umgeben von Autoritäten, die sowieso sagen, wie alles zu sein hat, die Utopie nicht erlauben oder gar lächerlich machen und eine Realitätsprüfung verlangen. Aber auch wenn wir zu sehr bestimmt sind durch Autoritätskomplexe, können wir nicht mehr phantasieren und uns auch nicht mehr wirklich interessieren. Realitätsprüfung ist wichtig, aber ebenso wichtig wäre herauszufinden, ob wir zur Utopie fähig sind.

Die Befürchtungsphantasien stören in den Vorgriffen der Einbildungskraft, und man muß sie wahrnehmen, um sie außer Kraft zu setzen. Man kann alles aufschreiben, was man befürchtet, und diese Aufzeichnungen dann ablegen. Es ist sinnvoll, über diese Befürchtungen einmal ernsthaft nachzudenken, sie wirklich ernst zu nehmen, dann werden sie relativiert, und es besteht die Möglichkeit, daß man frei wird für die Phantasien der Öffnung. Gegebenenfalls muß man sich von Autoritätskomplexen befreien. Es ist aber auch sinnvoll, Imaginationen dort zu machen, wo gerade wenig Angst ist.

Phantasien als Kompensation

Neben den Befürchtungsphantasien und den Phantasien des Besseren, des Neuen, Phantasien, die ausdrücken, daß einiges auch ganz anders sein könnte, gibt es auch noch Phantasien, die wir als Kompensation auffassen können. Das sind Phantasien, die die Flucht aus der Realität darstellen und damit eine Möglichkeit geben, dem Leben auszuweichen. Die Phantasien der Kompensation stellen sich leicht ein, sie sind aber auch altbekannt, also uninteressant. Wird ein Mann von einer Frau abgewiesen, fallen ihm plötzlich alle Frauen ein, die ihn nicht abgewiesen haben – und noch einige dazu, und er kommt sich großartig vor. Möglicherweise behält er diese Phantasien nicht für sich, sondern spricht sie aus.

Man erkennt diese Phantasien der Kompensation auch daran, daß sie sich nicht etwa mit einer Anstrengung oder einer Aktivität befassen, sondern mit einem Zustand, den man irgendwann schon einmal erreicht hat oder erreicht zu haben glaubt. Ein Marathonläufer sagte, wenn er kurz vor der Erschöpfung sei, stelle er sich vor, wie er die Goldmedaille überreicht bekomme, und das lasse ihn nochmals Energie freisetzen.

Kompensationsphantasien sind an sich nicht einfach schlecht, sie sind im Dienste der Selbstregulierung des Selbstwertgefühls. Der Mensch fühlt sich besser und kann mit der Schwierigkeit oder der Enttäuschung, die ihn in diese Situation gebracht hat, besser umgehen. Das tut man allerdings selten. Kompensationsphantasien bringen nicht sehr viel.

Vorgriffe der Einbildungskraft

Gesucht werden wirklich diese Vorgriffe der Einbildungskraft, das Zukunftsgerichtete der Imagination, das Schöpferische in unserer Einbildungskraft. Das sind Phantasien, in denen das phantasierende Ich oder das Tagtraum-Ich als handelnde Person auftritt, in denen ein Leitbild, was man denn als Mensch werden möchte, zu erkennen ist, und darin sind auch die weiterführenden Interessen sichtbar.

Man kann sich fragen, wie das eigene Leben in 15 Jahren aussehen wird. Hat man die Befürchtungsphantasien hinter sich gelassen, wird man auch eine Interessenslinie feststellen können.

Ein 30jähriger, der gerade eine wichtige Stelle angetreten hat, sieht sich als 45jährigen, wie er viele junge Männer unterrichtet, etwas, das ihm damals ganz fremd und fern und unsinnig schien. Knapp über vierzig hat er immer mehr das Bedürfnis, auch etwas für die junge Generation zu tun. In Volkshochschulkursen, die vor allem von jungen Männern besucht werden, vermittelt er Wissen aus seinem Arbeitsgebiet.

Wir brauchen die Imagination, um Interesse aufrechtzuerhalten, wir brauchen aber auch die Imagination, um neues Interesse anzufachen.

Es geht bei Interesse nicht nur um die Sicherung des aktuellen Lebens und darum, daß unsere Interessen nicht verletzt werden, sondern immer auch um eine Entwicklungsdimension, die sich auch in einer alltäglichen Kreativität zeigen kann, die mit der Imagination verbunden ist. Diese alltägliche Kreativität zeigt sich darin, daß das Leben auch anders sein kann, als wir es gewohnt sind. Das heißt aber auch, daß wir weniger allergisch gegen Veränderungen reagieren, wenn etwas anders ist, dann ist es nicht einfach eine Katastrophe, sondern es kann auch interessant sein. Wir wissen um die Wechselwirkung: Unser Interesse besetzt auch unseren Ichkomplex, wir haben ein besseres Selbstwertgefühl, und dadurch haben wir wieder mutigere Phantasien, die sehr viel mehr von der Hoffnung getragen sind. Man muß aber ichstark genug sein, sich nicht zu sehr von der Angst hemmen lassen, um sich von den Phantasien ergreifen zu lassen.

Mit Phantasie wird alles auch interessanter. Sitzt man in einem Wartezimmer, wahrscheinlich etwas gespannt, vor einer aufreizend weißen Wand, wird man, wenn man phantasiebegabt ist, plötzlich Szenen sehen auf dieser Wand oder zumindest eigentümliche Flecken. Und das kann man natürlich nicht nur mit Wänden, sondern auch mit Menschen tun. Man kann einen Menschen, den man schon länger kennt und auch zu kennen meint und der nicht mehr aufregend und geheimnisvoll ist, sehr langweilig machen, indem man keine Phantasie mehr investiert. Oder man kann Phantasie einsetzen und das Verhalten, von dem man schon lange weiß, wie es einzustufen ist, plötzlich als Verhalten eines wildfremden Menschen sehen – und es wahrscheinlich auch neu bewerten. Oder man wird bemerken, daß es an diesem Menschen Seiten gibt, die man eigentlich noch nicht gesehen hat. Schmücken wir diese Seiten aus, dann wird der Mensch, an den wir uns so sehr gewöhnt haben, wieder interessanter.

Nimmt man Komplexepisoden oder Träume, in denen sich Komplexe zeigen, als Ausgangspunkt für Imaginationen, treten auch Interessen wieder neu hervor.

Eine Frau, 46 Jahre alt, war in einem Traum auf einem wenig begangenen Weg in einer Berggegend. Da erwachte sie. Sie war neugierig, wohin denn dieser Weg führen könnte, wem sie begegnen könnte.

Wir bearbeiteten den Traum mit Imagination. Sie sah sich mit Berghosen und rotem Pullover auf einem schmalen Weg in den Alpen. Dieser Weg war immer wieder gesäumt von Föhren; die Sonne schien angenehm warm, die Föhren dufteten. Sie betrachtete sich selbst in der Imagination und fand, sie gehe eigentlich unelastisch. Wieder identifiziert mit ihrem Körper-Ich, spürte sie, daß Menschen hinter ihr gingen. Was denken die wohl von mir? Ich versuche, elastischer zu gehen. Ich fahre mir durch die Haare. Was denken die darüber, daß ich allein wandere? Sie läßt die Wanderer an ihr vorbeiziehen. Einer sagt: So allein, schöne Frau? Das tut mir gut.

Wir unterbrechen die Imagination. Die Analysandin sagt: Ich interessiere mich gar nicht dafür, wie der Weg weitergeht, ich interessiere mich nur dafür, was die anderen über mich denken, und ich hoffe, daß sie mich gut finden.

Diese Erfahrung aus der Imagination wird auch im Alltag bestätigt. Nachdenklich stellt die Frau fest, daß sich nur dafür zu interessieren, was die anderen über einen denken, doch etwas wenig sei. Man muß aber zuerst einmal herausgefunden haben, daß dies das größte Interesse ist, das man im Moment aufbringt, um allenfalls auch etwas zu verändern.

Narzißmus und Imagination

Je weniger wirkliches Interesse Menschen haben, desto weniger wird ihre Vorstellungswelt stimuliert, immer weniger Vorgriffe der Einbildungskraft sind auszumachen. Kompensationsphantasien sind zwar vorhanden, haben aber kaum eine verändernde Wirkung. Auch gilt: Je weniger Imagination, desto weniger wird unser Ichkomplex mit Interesse besetzt und damit auch mit zukunftsweisenden Ideen. Dadurch dominieren komplexhafte Befürchtungen und der Wiederholungszwang.

Kann ein Mensch sich kaum interessieren oder stellt er fest, daß er eigentlich nur Pseudointeressen hat, ist eine Therapie angezeigt. Der Therapeut oder die Therapeutin wird sich, wie bereits ausgeführt, für den Patienten oder die Patientin, allenfalls für die zunehmende eigene Interesselosigkeit und für die des Patienten oder der Patientin zu interessieren versuchen. Um dieses Interesse zu wecken, kann man nun einen Umweg machen, den Weg über die meist verdrängten Komplexe: die Komplexe gesehen als Ausgangspunkte für die Schwierigkeiten, aber auch für zunächst eher noch rudimentäre Phantasien. Das heißt: Man arbeitet an den Komplexen, beachtet aber nicht nur die hemmende Form, sondern sucht den Entwicklungsaspekt, der auch in den Komplexen steckt, man sucht die Phantasie, und in ihr wird nach und nach das Interesse sichtbar, das mit den verdrängten Komplexen verdrängt worden ist.

Da es sich beim Interesse um einen Wirkkreis handelt, verstärkt sich das Interesse, der Ichkomplex wird dabei kohärenter, und es wird eher möglich als zuvor, neue Interessen zuzulassen. Bei Menschen mit einer schwereren narzißtischen Störung geschieht das in einem länger dauernden Therapieprozeß. Aber der Verlust des Interesses ist auch ein alltägliches Problem: Die Hinwendung zu den Imaginationen, den Phantasiebruchstücken, die uns gelegentlich durch den Kopf gehen, ist dabei von größter Bedeutung.

Vom Aufrechterhalten der Intensität der Interessen

Viele Menschen beklagen sich darüber, daß ihre Interessen im Laufe der Zeit an Intensität verlieren. Die Interessen sind nicht mehr so zwingend, besetzen die Aufmerksamkeit des Individuums nicht mehr so sehr, das Individuum ist nicht mehr so davon besessen. Das wird gelegentlich auch als angenehm empfunden, weil sich dadurch mehr Möglichkeiten an Freiheit ergeben; man ist nicht mehr so ultimativ gezwungen, dem Interesse nachzugehen. Dieses Nachlassen des Interesses ist aber auch mit einem Verlust an Lebendigkeit verbunden, was meistens sehr bedauert wird. Deshalb stellt sich die Frage, was die Intensität des Interesses aufrechterhält oder was das Interesse immer wieder neu stimuliert.

Wir wissen: Menschen sind in der Intensität ihres grundsätzlichen Interessiertseins unterschiedlich; das könnte man genetisch erklären.

Kinder sind zwar alle an ihrer Umwelt interessiert, aber nicht im gleichen Ausmaß, das trifft auch auf Geschwister zu. Bei der Sozialisierung von Interessen kann dieses gefördert oder eben vernachlässigt werden. Die Bindungsmuster sind, wie bereits ausgeführt, ebenso von Bedeutung bei der Entwicklung des Interesses. Und dann – wie wir eben gesehen haben – natürlich auch die Komplexe: Je mehr Emotion mit einem Komplex verbunden ist, desto intensiver ist das Interesse, das damit verbunden ist, wenn man nicht – und das geht eben auch mit viel Emotionen einher – den Komplex abwehren muß. Je mehr Emotion mit einem Komplex verbunden ist, desto größere Konsequenzen hat das für unser

Leben insgesamt. Je mehr Phantasie wir uns zugestehen, je mehr die Phantasietätigkeit auch entwickelt wird, desto größer die Fähigkeit, Interesse zu wahren.

Sowohl bei der Wertschätzung der Phantasie als auch bei der Wertschätzung des Interesses spielt die Gesellschaft, in der wir leben, eine wichtige Rolle. Es gibt Zeiten, da ist die Entwicklung der Phantasie auch gesellschaftlich von hohem Wert, wie etwa 1957, als die Russen den ersten Sputnik ins All schickten und die westliche Welt – geschockt – nach der Förderung von kreativen Leistungen verlangte. 1957 setzte in Amerika die Kreativitätsforschung in großem Stile ein. Kreativität ist nun nicht zu haben ohne Phantasie, und die Entwicklung der Phantasie, die Förderung der Imaginationsfähigkeit, nahm einen großen Aufschwung. Heute ist die Phantasie weniger hoch geschätzt.

Pflegen wir unsere eigenen, wirklich originären Interessen, wird unser Interesse nachhaltiger sein als bei Interessen, denen wir folgen, weil wir meinen, ihnen folgen zu müssen, ohne daß sie uns wirklich erfüllen.

Der Rhythmus des Interesses

Es kann auch richtig sein, daß wir die Freude an einem Interesse verlieren. Das Sich-Interessieren hat einen Anfang, der meistens aufregend und anregend ist. Diesem Interessensaufbruch folgt die Zeit des nachhaltigen Interesses, in der aus dem Interesse heraus ein Werk geschaffen, eine Beziehung geknüpft, Wissen angesammelt wird. Damit gestalten wir sowohl Außenwelt als auch Innenwelt. Nehmen wir an, daß beim Prozeß des Sich-Interessierens uns in der Außenwelt auch unsere Innenwelt, besonders auch die konstellierten Komplexe, entgegenkommen. Sobald aber ein Entwicklungsvorgang abgeschlossen ist und ein anderer Komplex und damit auch ein neues Lebensthema konstelliert ist, ist es verständlich, daß die alten Interessen in den Hintergrund treten und neue Interessen auftauchen. Manchmal lösen sich diese Interessen fast übergangslos ab, oft aber liegt dazwischen eine Phase, in der man den Eindruck hat, die Fähigkeit des Sich-Interessierens eingebüßt zu haben, was sich in depressiven Verstimmungen, profunder Lustlosigkeit und gähnender Langeweile verbunden mit Selbstzweifeln äußern kann.

In diesem Zusammenhang ist auch daran zu denken, daß es altersspezifische Interessen gibt, die wiederum je nach Lebensabschnitt anderen Interessen Platz machen, wenn man in eine andere Altersstufe eintritt. So sind die Interessen der heranwachsenden Kinder verschieden von denen der 25jährigen. Waren die »alten« Interessen aber emotional bedeutsam, dann werden sie in veränderter Form jeweils wieder auftreten. Das sieht man bei den Interessen für gewisse Sportarten der Jugendlichen.

Aber auch das Interesse an bestimmten Themen scheint eine altersspezifische Komponente zu haben. So scheint das Interesse für historische Prozesse bei jungen Menschen eher gering zu sein, wächst aber mit zunehmendem Alter; plötzlich will man wissen, in welchem größeren historischen oder kulturgeschichtlichen Zusammenhang das eigene Leben sich abspielt, welche gesellschaftlichen Probleme sich zwar als neu darstellen, es aber vielleicht gar nicht sind, sondern ein altes Problem in einer neuen Form auftaucht. Es geht hier nicht mehr einfach nur um das eigene Leben, sondern um das eigene Leben, das in die Kontinuität eines Kollektivs eingebunden ist.

Umgehen mit Enttäuschung

Die Intensität der Interessen entscheidet darüber, ob wir uns auf ein Interessengebiet wirklich einlassen oder ob wir es nur kurz streifen. Auf den Beziehungsbereich übertragen heißt das, ob wir eine Beziehung haben oder eine Affäre.

Wollen wir uns das Interesse in seiner Intensität aufrechterhalten, ist es wichtig, daß wir lernen, mit Enttäuschungen innerhalb dieses Prozesses des Sich-Interessierens umzugehen. Enttäuschungen können das Interesse mindern. Die Emotion Interesse setzt also nicht nur den belebenden Wirkkreis des Interesses in Gang, sondern nährt auch Erwartungen auf ein Resultat. Erfüllen sich die Erwartungen, freut man sich, wird noch lebendiger, aktiver und interessierter, das Selbstwertgefühl verbessert sich; erfüllen sich die Erwartungen nicht, ist man enttäuscht, verliert Interesse und Lebendigkeit, und das Selbstwertgefühl ist beeinträchtigt.

Natürlich kann man das Interessiertsein als solches genießen, aber das Interesse will immer auch etwas verändern. Interessiere ich mich für einen Menschen, dann muß irgendwann auch eine wie auch immer geartete Beziehung daraus werden. Interesse ich mich für einen Forschungsgegenstand, dann muß irgendwann ein Ziel erreicht werden.

Das Interesse bleibt in einer gewissen Intensität erhalten, wenn das Resultat befriedigend ist, und es wird weniger, wenn wir enttäuscht werden. Ist man zum Beispiel interessiert an einem Menschen und wird einige Male herb enttäuscht, wird das Interesse an möglichen anderen Menschen geringer.

Ein Maler ist interessiert daran, eine ganz bestimmte Lichtqualität auf die Leinwand zu bringen. Es gelingt ihm nicht so, wie er es sich vorgestellt hat; das Interesse an dieser Art der Gestaltung schwindet. Er sagt: »Es ist für mich schwierig, das Interesse am Malen überhaupt aufrechtzuerhalten, wenn es mir nicht gelingt, so zu malen, wie ich es mir vorgestellt habe. Male ich aber nicht, dann trinke ich, weil es mir sehr schlecht geht.«

Ein klares Beispiel dafür, daß die Enttäuschung das Interesse beeinträchtigt, und wenn an die Stelle des Interesses bei diesem Menschen der Griff zur Flasche tritt, dann hilft das in keiner Weise, sein Problem zu lösen.

Ein Forscher ist sehr interessiert daran, ein ganz bestimmtes Medikament zu entwickeln. Er forscht seit Jahren mit großem Interesse und einer großen Faszination. In einer Stunde der

Schwäche sagt er einmal, sein Medikament werde die Welt verändern, viele Menschen, die jetzt vorzeitig sterben müßten, hätten eine wesentlich längere Lebenserwartung – und er werde den Nobelpreis bekommen.

Das ist eine typische Phantasie im Zusammenhang mit Interesse: die wichtige Erfindung, die auch den Menschen etwas bringen wird – und der Lohn dafür, der auch den Selbstwert gratifiziert. Den altruistischen Teil der Phantasien, die Erwartung, daß man etwas für andere Menschen Wichtiges erfinden oder gestalten wird, gibt man gerne zu. Die Erwartungen, daß dabei auch die eigene Bedeutung steigt, die damit verbundenen narzißtischen Interessen, verschweigt man in der Regel eher.

Da die Emotion Interesse sowohl die Außenwelt als auch die Innenwelt betrifft, die Sache und den Selbstwert, muß auch die Befriedigung an beiden Stellen erlebbar sein, und es kann auch eine Störung von beiden Seiten aus erfolgen. Wer nur ein narzißtisches Interesse hat, wird zerstört sein, wenn sich kein Erfolg einstellt, und das Interesse, das dann oft ein Pseudointeresse war, geht verloren. Menschen, die sich nur für das äußere Resultat interessieren und den narzißtischen Teil der Befriedigung abwehren, weil sie sachbezogen bleiben wollen, oder aus einer unbewußten Furcht heraus, daß sie narzißtisch zu bedürftig werden könnten, wenn sie dieser Seite nachgäben, arbeiten dann besonders intensiv. Je besser es ihnen gelingt, ihre Arbeit im Dienste einer großen Sache oder im Dienste der Menschheit zu sehen, desto eher bleiben sie interessiert: Sie haben so eine geheime narzißtische Befriedigung, denn immerhin arbeiten sie im Dienste der Menschheit. Wer den narzißtischen Anteil der Befriedigung ganz ablehnt, gerät in Gefahr, sich irgendwann nur noch einzureden, interessiert zu sein; aus einem lebendigen Interesse ist dann unter der Hand eine Pflichtarbeit geworden.

Das Interesse kann am leichtesten aufrechterhalten werden, wenn narzißtisches Interesse und Sachinteresse ausbalanciert sind.

Die Enttäuschung kann auch der Beurteilung des jeweiligen Werks durch die Außenwelt entspringen. Wird eine Erwartung, die mit dem Interesse verbunden ist, enttäuscht, ob aus inneren Gründen oder weil die Außenwelt unser Werk nicht so schätzt, wie wir es für angemessen halten, läßt das Interesse nach. Wie kann man das Interesse trotz Enttäuschungen, die ja nicht zu vermeiden sind, dennoch aufrechterhalten?

Menschen, die verschiedene Interessen im Leben haben, verlagern dann meistens die Energie auf ein anderes Interesse und kommen gelegentlich Jahre später wieder auf dieses alte, mit einer Enttäuschung verlorene Interesse zurück. Das geschieht häufig, auch bei alltäglichen Interessen.

Steht nun aber ein einziges vitales Interesse im Mittelpunkt, ein Werk, das gelingen soll, dann kann man nicht auf andere Interessen ausweichen, auch sind die anderen Interessen so wenig intensiv, daß sie keine wirklichen Optionen sind. Das gilt auch für Menschen, die sich nur für einen einzigen Menschen in der Welt wirklich interessieren. Dieser Mensch ist dann auch zuständig für die Erhaltung des Selbstwerts. Ist dieser Mensch nicht mehr in der gleichen Weise verfügbar oder wird er zu einer Enttäuschung, dann kann nicht einfach ein anderes Interesse geweckt werden; die Reaktion wird dann eine depressive Verstimmung sein.

Dann haben wir Menschen auch einige Tricks, um uns das Interesse aufrechtzuerhalten. Wir haben meistens einen Zeitplan im Kopf: In zwei Jahren will der Forscher sein Medikament gefunden haben. Die junge Frau, die sich für einen Mann interessiert, gibt sich Zeit bis zum Herbst: Entweder ist dann aus dem Interesse etwas Konkretes geworden, oder sie wird das Interesse aufgeben.

Diesen Zeitplan kann man dann immer noch leicht revidieren und einen Grund finden, warum die Forschungen länger dauern, warum man das Interesse an einem Menschen, das nicht zu einer befriedigenden gegenseitigen Beziehungsaufnahme geführt hat, doch noch aufrechterhält. So vermeidet man eine Enttäuschung.

Eine weitere Möglichkeit, um sich das Interesse auch in schlechteren Zeiten zu bewahren, besteht darin, kleine Teilerfolge als das Ziel insgesamt zu betrachten. Erreichen wir ein einmal gestecktes Ziel nicht, können wir es umdefinieren. Damit haben wir die Enttäuschung abgemildert, wenn nicht gar abgewendet. Wir können und müssen auch innerhalb eines Arbeitsprozesses immer wieder Ziele neu definieren, wenn die ursprünglichen Ziele zu anspruchsvoll waren. Wer es gewohnt ist, nicht immer das Hauptziel anzuvisieren, sondern die Ziele auf dem Weg dahin als Etappenorte zu sehen, hat immer einmal ein Erfolgserlebnis, das sein Interesse wieder neu anfacht.

Wie das Interesse von außen gestört werden kann, so kann es auch von außen gestützt werden. Solange noch eine Gruppe da ist, die einem glaubhaft versichern kann, daß das, was man tut, in ihren Augen interessant und von Bedeutung ist, kann sich eine Enttäuschung in Grenzen halten.

Hat man noch stützende Gleichgesinnte, denen man vertrauen kann, hilft das auch bei sehr wenig Erfolg, das Interesse aufrechtzuerhalten. José Samarago schildert in seinem Roman »Das Memorial«, der im 18. Jahrhundert spielt, wie Männer im geheimen mit größter Besessenheit versuchten, ein Flugzeug zu bauen, und wie sie immer wieder scheiterten. Sie gaben aber nicht auf, begannen immer wieder von vorn, denn es gab noch ganze Scharen von Menschen, die diese Flugzeugbauer ermunterten, einen Fürsten, der an sie glaubte und ihnen auch weiter Geld gab. Sein Interesse war es, als erster ein solches Flugzeug zu haben. Die erfolglosen Erfinder selbst aber waren hin- und hergerissen zwischen besessenem Interesse, Grandiosität und tiefer Niedergeschlagenheit. Bekamen sie jeweils eindeutige Zeichen der Ermunterung von Gleichgesinnten, dann reparierten sie immer wieder die abgestürzten Flugzeuge.

Es geht bei all diesen »Methoden« darum, sich den durch die drohende oder eingetretene Enttäuschung in Frage gestellten Selbstwert wieder herzustellen. Dieser kann auch hergestellt werden, indem man im schlimmsten Fall sich selbst idealisiert und zum Beispiel Kritikern und Kritikerinnen, die das Resultat kritisieren, ihre Kompetenz abspricht, sie entwertet; im besseren Falle, daß man sich innerlich nicht zerstören läßt vom aktuellen Mißerfolg, daß man sich eingesteht, im Moment nicht den Erfolg zu haben, den man eigentlich zu verdienen meint, daß man aber ungeachtet dessen da weiterarbeitet, woran das Herzblut hängt. Auch wenn niemand anderer im Moment sieht, daß es gut ist – man steht dazu. Dazu braucht man natürlich ein recht stabiles Selbstwertgefühl und ein Vertrauen in das eigene Können. Und das ist nicht leicht aufrechtzuerhalten in Situationen, in denen man das Ziel des Interesses nicht erreicht.

Renoir hat sich zum Beispiel sehr deutlich gegen die Kritiker abgesetzt und sich in seiner Kreativität und seiner tiefen Überzeugung nicht beeinflussen lassen, ist also bei seinem Interesse geblieben. Ingeborg Bachmann ist wahrscheinlich an der Kritik zerbrochen. Diese Selbstidealisierung ist nur möglich, wenn der Mensch innerlich überzeugt ist, daß das, was er tut, stimmig ist. Ist dieses Aufrechterhalten des Selbstwerts nicht möglich, vielleicht auch deshalb nicht, weil dieser Mensch gerade auch noch einige andere Probleme zu lösen hat, dann geht das Interesse verloren, und eine Depression kann die Folge sein. Depressionen werden nicht selten durch Alkoholmißbrauch zugedeckt. An sich liegt in der Depression auch eine Chance: Zurückgeworfen auf uns selbst finden wir da möglicherweise wieder neue Interessen oder können das alte Interesse wiederbeleben.

Damit das Interesse nicht beeinträchtigt wird, ist es notwendig, mit Enttäuschungen umgehen zu lernen, das heißt zunächst aber, mit Enttäuschungen überhaupt zu rechnen. Gerade daran will man nicht denken, wenn man interessiert ist. Es gibt Menschen, die ein so starkes Interesse haben, daß es sich gegen jede Enttäuschung durchsetzt, ob sie nun akzeptiert werden von der Außenwelt oder nicht. Jung hat von ihnen gesagt, sie hätten einen schöpferischen Komplex. Das sind aber meines Erachtens wenige, die von einem solch unbeirrbaren Interesse gepackt sind, und die meisten von uns müssen lernen, mit Einbrüchen im Interesse umzugehen und diese als Einbrüche und nicht als Abbruch einer Sache sehen zu lernen. Verfolgen wir unsere wahren Interessen, sind wir weniger leicht zu enttäuschen.

Sich interessieren lernen

Es gibt immer wieder Situationen im Leben, in denen man auch für etwas Interesse aufbringen muß, das einen eigentlich nicht interessiert. Doch schon dieser Ausdruck: »Ich muß Interesse aufbringen« widerspricht der Erfahrung und der Dynamik des Interessiertseins. Was uns interessiert, ist in der Regel anziehend! Sagen wir, es sei mühsam, ein gewisses Interesse aufzubringen, oder gar eine Quälerei, dann muß man davon ausgehen, daß das Interesse nicht unseres oder nicht mehr unseres ist. Man muß sich dann mühsam anstoßen, wo man eigentlich gezogen sein sollte. Man ermüdet rasch. Man hört im Moment oft die Diagnose »Erschöpfungsdepression«. Unter dieser Art von Depression leidet man nicht, weil man zu viel gearbeitet hat – das ist ein gängiges Mißverständnis – sondern weil man sehr viel Energie für Dinge braucht, die einen nicht eigentlich interessieren, die einen innerlich zuwenig angehen. Dann verbraucht man seine Energie und verhungert dabei innerlich. Die Erschöpfungsdepression hätte den Sinn, sich zu fragen, was man wirklich will im Leben, was in einem bestimmten Moment unser tiefstes Anliegen ist.

Nehmen Sie an, Sie haben ein Studium gewählt. Das Gebiet interessiert Sie, wahrscheinlich interessieren Sie sich für den Abschluß des Studiums und den Beruf, der sich daraus ergeben kann. Vielleicht haben Sie schon eine klare Vorstellung, was denn Ihr berufliches Ziel sein wird. Und nun werden Sie während des Studiums merken, daß auch Sachen gelehrt werden, die Sie überhaupt nicht interessieren. Oder die Art, wie ein bestimmtes Fach gelehrt wird, vermag Sie in keiner Weise zu fesseln. Jetzt wäre es aber sinnvoll, wenn Sie sich interessieren könnten, denn man lernt leichter, wenn man interessiert ist.

Die Frage ist also: Wie gewinnen Sie Interesse für etwas, das Sie eigentlich nicht interessiert? Wie besetzen Sie etwas mit Interesse, das Sie nicht natürlicherweise anzieht? Alle Menschen haben Techniken für diese Situationen; was immer auch unser Beruf sein mag, man wird sich interessieren müssen für etwas, das zunächst nicht interessant ist.

Eine oft gewählte Möglichkeit ist die, eine Perspektive einzunehmen, unter der etwas Uninteressantes interessant wird. Wir alle haben ein paar Interessen, die immer anzusprechen sind. Es gibt zum Beispiel Menschen, die sich immer für Aspekte der Effizienz interessieren: Sie fragen sich gar nicht mehr so sehr, was sie lernen, sondern wie sie etwas, das ihnen nicht liegt, möglichst effizient lernen. Interessiert man sich gerade für Chaostheorie, wird man das ungeliebte Arbeitspensum unter chaostheoretischen Gesichtspunkten betrachten, ist man sonst Verfechter oder Anhänger einer bestimmten Theorie, wird man sich fragen, wie weit die eigene Theorie im Uninteressanten vorkommt oder gar verifiziert werden kann.

Nimmt man an einer Sitzung teil, die einen langweilt, und hat man nicht die Möglichkeit, so darauf einzuwirken, daß das eigene Interesse auch wieder angesprochen wird, kann man die Gruppendynamik studieren. Ist man interessiert an geschlechtsspezifischem Verhalten, kann man Forschungsarbeit treiben: Wie oft ergreifen Männer das Wort, für wie lang, wie oft Frauen? Wie oft unterbrechen Frauen Männer, wie oft Männer Frauen? Nun ist plötzlich das Interesse wieder geweckt, und man bekommt sogar noch etwas vom Thema mit. Vor allem aber ist das quälende Gefühl der Langeweile verschwunden, man ist wieder lebendig.

Studentinnen finden oft den gängigen Wissenschaftsbetrieb wenig frauenspezifisch, sie finden, daß ihre speziellen Interessen wenig angesprochen werden. Würden sie diese Perspektive ihrer Interessen anlegen und darüber auch sprechen, täten sie etwas für die geschlechtsspezifische Wissenschaftsforschung, und es würde deutlich, wie Wissenschaft auch sein könnte.[48] Dazu würden die Studentinnen aber viel Selbstbewußtsein und Mut brauchen, vor allem aber auch Phantasie wäre gefragt.

Man bezieht sich also auf ein leicht abrufbares Interesse und appliziert es auf die Situation, in der wir uns interessieren müssen.

Andere Menschen können ihr Interesse stimulieren, in dem sie das, wofür sie sich interessieren müssen, einem höheren Interesse, einem moralischen Ausspruch unterordnen. Ein solches übergeordnetes Interesse wäre etwa das Interesse, in jeder Situation ein verläßlicher Mensch zu sein und eine einmal eingegangene Verpflichtung auch wirklich zu erfüllen. Das kann helfen, kann aber auch gefährlich sein, indem es zu einer Überforderung führt, und die wirklichen Interessen zu sehr schmälert.

Eine andere, oft praktizierte Möglichkeit: Wir interessieren uns nicht für die Sache an sich, aber wir haben ein Interesse daran, notwendige anstehende Aufgaben – etwa Briefe beantworten – zu erledigen, damit wir endlich zu unserem Hauptinteresse kommen können, eine interessante schöpferische Arbeit. Die Idee dahinter ist, zuerst wegzuarbeiten, was wenig Freude macht, und das Schöne sich für »nachher« aufzusparen. Das haben viele von uns als Kinder gelernt: Mach zuerst das, was dir schwerfällt, und dann das, was dich freut. Das ist nicht unbedingt ein guter Hinweis. Hat ein Kind ein nicht sehr gutes Selbstwertgefühl, ist es viel besser, wenn es zuerst das macht, was es freut, dann hat es ein besseres Selbstwertgefühl, und erledigt es dann auch noch die Aufgaben, die ihm an sich schwerer fallen, müßte das leichter gehen. Man kann natürlich auch argumentieren, daß das Schwierige dann immer wie ein Berg vor einem steht. Es gibt Studierende, die mit

Genuß studieren, was sie wirklich interessiert, und das für sie weniger Interessante lernen sie dann noch »schnell«, aus Zusammenfassungen – und das ist kein schlechter Weg!

Müssen wir zuerst immer alle unschönen Pflichten, in diesem Fall das, was uns nicht interessiert, aus dem Wege schaffen, damit wir endlich uns unserem Hauptinteresse zuwenden können, dann besteht die Gefahr, daß wir ein Leben lang »Hindernisse« wegräumen und nie unserem Hauptinteresse nachgehen können.

Wichtig ist sicher auch die Frage: In welcher Situation kann ich mich am besten interessieren? Studentinnen und Studenten lernen in der Regel in einer Gruppe, in der für sie interessante Menschen sind, für die sie selber auch interessant sind. Es besteht dann eine gewisse Erwartung, daß man auch wirklich etwas einbringt. Schon aus Gründen der gesunden Rivalität wird man sich auch bemühen, das Interesse der anderen nicht zu enttäuschen; man bringt mehr ein, als man für sich selbst ausgearbeitet hätte, man entwickelt mehr Interesse.

Es gibt aber auch noch andere Gründe, in einer Gruppe ein gemeinsames Interesse aufrechtzuerhalten: In einer Gruppe haben wir weniger Angst, einer oder eine weiß bestimmt auch auf schwierige Fragen eine Antwort, daher können wir neugieriger sein und uns mehr für die Sache selbst interessieren. Fehlendes Interesse kann durchaus damit zu tun haben, daß wir Angst haben vor einem bestimmten Stoff. Angst und Interesse interagieren miteinander, ein wenig Angst vor dem Neuen stimuliert unser Interesse, zuviel Angst stört unser Interessiertsein. Auch besteht die Möglichkeit, sich in einer Gruppe von Interesse anstecken zu lassen; gibt es einen Menschen in der Gruppe, der wirklich interessiert ist, weckt das vielleicht auch in einem selbst zumindest einen Hauch von Interesse, und eine Blockade ist beseitigt, eine Interessenöffnung ist da und ermöglicht ein Mehr an Interesse. Denn je mehr man sich für etwas interessiert, desto interessanter wird es. Deshalb braucht man ja auch, wenn man nicht von Natur aus interessiert ist, diese künstlichen Zugänge. Bei unseren natürlichen Interessen erleben wir das deutlich: Je mehr man sich interessiert, und das ist nicht nur eine Frage der Intensität, sondern auch der Dauer, der Zeit, die man einem Gegenstand widmet, desto mehr interessante Zusammenhänge tun sich auf; die Sache wird nur noch geheimnisvoller, und gleichzeitig kommt man sich dabei immer kompetenter vor. Die Phantasie wird angeregt, was noch alles in diesem Interessensgebiet verborgen sein könnte und das stimuliert die Eigenaktivität, unser Ichkomplex wird besser besetzt, und wir fühlen uns interessierter und interessanter.

Je mehr wir uns für etwas interessieren, desto interessanter wird etwas, oder: Es gibt eigentlich nichts, das nicht interessant werden könnte, die Frage ist nur, wieviel Energie es uns abfordert.

Interesse in Beziehungen

Sprechen wir von einem leidenschaftlichen Interesse an einer bestimmten Form des Gestaltens oder von einem leidenschaftlichen Interesse an einem Wissensgebiet, dann sprechen wir auch von einer leidenschaftlichen Liebe zu diesem Gebiet, zu diesem Gegenstand. Und die Frage ist: Wann ist es eigentlich noch Interesse, wann ist es Liebe? Der Übergang ist selbstverständlich fließend. Wenn wir von Liebe sprechen, können wir sicher sein, daß große Anteile unserer Persönlichkeit in unserem Interesse mitleben und zum Ausdruck kommen. Es gibt Menschen, die sich mit »Leib und Seele« einem Interesse verschrieben haben. Setzt man Leib und Seele ein, dann bedeutet es, daß man sich mit der ganzen Persönlichkeit diesem Interesse zuwendet, daß sich die ganze Persönlichkeit in diesem Interesse ausdrückt, und auch lebendig wird. Der Philosoph Max Scheler, der sich Anfang des 20. Jahrhunderts intensiv mit Emotionen auseinandergesetzt hat, sagte: »Überall geht der Liebhaber dem Kenner vorher«[49]. Zuerst ist man Liebhaber von einer Sache, und dann wird man Kenner. Weil man aber Interesse auch schaffen kann, geht gelegentlich auch der Kenner dem Liebhaber oder der Liebhaberin vorher.

Das gilt auch für das Sich-Interessieren für einen Menschen.

Sich für einen Menschen zu interessieren ist etwas anders als sich für ein Wissensgebiet zu interessieren; es geht um eine Ich-Du-Beziehung, um eine dialogische Beziehung; zwischen dem Ich und dem Du entsteht eine Resonanz. Natürlich steht auch ein Gegenstand, für den wir uns interessieren, in einem Dialog mit uns, und dennoch wirkt ein lebendiger Mensch in noch ganz anderer Weise auf uns ein, besteht eine viel intensivere Interaktivität, eine Interaktivität mit einem Du, das letztlich auch unergründlich ist, immer wieder für eine Überraschung gut. Und auch die Interaktion bringt Dinge zum Vorschein, die jeder und jede allein eben nicht herstellen, nicht erleben könnte.

Behaupten wir, einen Menschen zu kennen, dann interessiert er uns nicht mehr. Entscheiden wir uns, uns für einen Menschen zu interessieren, finden wir immer wieder neue Aspekte. Der Mensch als Du ist etwas sehr Umfassendes, ein Mensch kann sich verändern, solange er lebt. Dieses Du gibt mehr Antwort als ein Objekt, auch Antworten, die man nicht hören will. Das Du ist sehr viel eigenwilliger als ein Objekt, sehr viel autonomer, stellt mehr in Frage. Der Wirkkreis des Interesses, die Interaktivität zwischen dem interessierenden Menschen und dem Gegenstand des Interesses, wird nun in der Beziehung noch ausgeprägter und sehr bedeutsam.

Wie wird aus Kontakt Beziehung?

Einen Kontakt kann man über Neugier schaffen, eine Beziehung braucht Neugier und Interesse. Andere Menschen, besonders unbekannte, etwas geheimnisvolle, wecken leicht unsere Neugier und auch unser Interesse. Wir hoffen immer, daß wir unter den Menschen, denen wir begegnen, einige finden, die mit unserem eigenen Interessenspektrum in irgendeiner Weise übereinstimmen könnten. Der Anfangspunkt jeder Entwicklung ist Neugier. Wir sind also zunächst einmal auf der Suche nach Neuem, Geheimnisvollem, nach etwas, das ein wenig Aufregung, Anregung und mehr Lebendigkeit verspricht, oder wir sind auf der Suche nach einer Beziehung. Vielleicht fällt uns jemand auf, der uns neugierig macht.

Die Neugier wird ambivalent beurteilt, im Gegensatz zum Interesse, das als eine ausschließlich positive Emotion betrachtet wird. Grundsätzlich ist Neugier eine Türöffneremotion: Wenn wir neugierig sind, dann überschreiten wir eine Grenze des Bekannten, wir sind gierig nach etwas Neuem. Wären wir nicht neugierig, würde alles immer beim Altbekannten bleiben. Wir wollen uns etwas Neues erschließen, wir versprechen uns ein Mehr an Erleben. Neugier, Wißbegierde einerseits, zur Ausweitung des bereits Gewußten bestens geeignet, kann auch übergriffig werden. Da fühlt sich jemand, dem man sich neugierig genähert hat, auf unangenehme Weise ausgehorcht. Die Neugier kann sogar zu einer Art der Bemächtigung führen. Das wird besonders dann erlebt, wenn Neugier nicht in Interesse übergeht, sondern Neugier bleibt, wenn man einfach neugierig sich einen anderen Menschen erschließen will für das eigene narzißtische Bedürfnis. Da brüsten sich dann Menschen damit, daß sie einen prominenten Menschen kennen, daß sie ihm sogar ein Geheimnis entreißen konnten – und damit polieren sie ihr Selbstwertgefühl ein wenig auf.

Die Neugier – ob arglos oder berechnend – schafft auf jeden Fall einen Kontakt.

Zunächst erbringt man eine Neugier-Leistung, man ist neugierig auf einen anderen Menschen. Ob Neugier wirklich zu einer Türöffnerfunktion wird, ob Neugier die Emotion ist, die uns das Interesse erschließt, ob überhaupt dieser ganze Wirkkreis des Interesses in Gang kommt, hängt ganz wesentlich davon ab, ob wir bei unserem Neugierverhalten die Nähe- und die Distanzregulierung verstehen und auch beherrschen. Die Nähe- und Distanzregulierung ist ein Interaktionsprodukt von zwei Menschen zu jeweils einem bestimmten Zeitpunkt. Die meisten Menschen möchten sich anderen nahe fühlen, möchten Intimität spüren, möchten sich hingeben, möchten vertrauensvoll mit einem anderen Menschen sein, möchten das Gefühl haben, einen anderen Menschen zu kennen und ihm oder ihr zu vertrauen. Wir haben aber nicht nur das Bedürfnis, anderen nahe zu sein, vielleicht sogar immer einmal wieder mit einem anderen Menschen zu verschmelzen, wir haben auch das Bedürfnis und die Verpflichtung, eigenständige Menschen zu bleiben, autonom und abgegrenzt zu sein, immer wieder entscheiden zu können, wie nahe ein anderer Mensch uns kommen darf. Kommt uns ein Mensch zu nahe, dann löst das Angst aus, die Angst, nicht mehr selbst über sich bestimmen zu können, sich zu verlieren. Darin besteht ein urmenschlicher Widerspruch: Wir möchten uns in einen anderen Menschen hinein verlieren, aber ohne uns selbst dabei aufzugeben. Deshalb wird man manchmal mehr, manchmal weniger Nähe zulassen können. Das ist ein dynamischer Prozeß. Das Bedürfnis nach Nähe und nach Distanz ist aber auch grundsätzlich bei den Menschen verschieden. Machen wir uns überhaupt Gedanken über Nähe-Distanz-Verhalten, dann heißt das grundsätzlich, daß wir akzeptieren, daß ein anderer Mensch Grenzen hat, die natürlich verschoben werden können. Wir wollen auch, daß unsere Grenzen respektiert werden. Geschieht das nicht, reagieren wir mit Ärger. Oft zeigt uns erst unser Ärger, daß uns jemand zu nahe gekommen ist.[50] Jeder Mensch hat Grenzen. Wir akzeptieren diese Grenzen, gelegentlich, müssen sie aber auch verbal formuliert werden. Auch wenn wir für uns selbst einen Durchschnittswert an Bedürfnissen nach Nähe und Distanz kennen, diesen Durchschnittswert auch verändern je nach Situation, in der wir sind, können wir diese Werte in einer Interaktion verändern. Jemand kommt einem zu nahe, oft ist das sogar körperlich, wenn jemand, mit dem man ein belangloses Gespräch führt, für den eigenen Geschmack zu eng an einen herantritt. Er oder sie ist einem zu nahe getreten, heißt es in unserer Sprache. Will man diese Nähe nicht, weicht man zurück, distanziert sich. Fragen uns Menschen etwas für uns sehr Privates, kaum hat man sich begrüßt, weicht man innerlich zurück und verschließt sich. Der sich nähernde Mensch ist dann zu neugierig. Das bringt den sich nähernden Menschen unter Umständen dazu, noch näher zu treten, um dieses Gefühl der Distanz aufzuheben. Das löst Ärger aus. Man wendet sich ab. Wer ein Bewußtsein von diesem Spiel von

Nähe und Distanz hat, wird diese Grenzsetzung akzeptieren und etwas zurückhaltender werden. Wenn allerdings andere Menschen in einer sehr distanzierten Art auf einen zukommen, dann vermögen sie kein Interesse zu wecken, dann sind sie für uns einfach uninteressant. Eine kleine neugierige Grenzüberschreitung ist offenbar nötig, wir müssen ein bißchen distanzlos sein, damit dieses Spiel von Interesse in Gang kommt. Diese Distanzlosigkeit muß genau dosiert sein; es darf weder zu viel Angst noch Ärger entstehen, und dennoch muß man sich herausgefordert fühlen von dieser Neugier. Unser neugieriges Interesse für einen Mitmenschen muß eine kleine Überrumpelung sein, ein kleiner Übergriff, gerade so viel, daß der oder die andere weder flieht noch zuschlägt. Und dann kommt der Mensch, für den man sich interessiert, ins Spiel: Die Reaktion zeigt uns, ob uns diese kleine Überrumpelung erlaubt ist oder nicht, und diese Reaktion ist nicht vorherzusehen. Wir können eine Erlaubnis bekommen vom angesprochenen Menschen, indem er in einer ähnlichen Form antwortet, oder wir werden in die Schranken gewiesen, mehr oder weniger aggressiv. Da fragt jemand geistesgegenwärtig: Beginnen Sie ein Gespräch immer so offensiv? Da kann man noch weitersprechen; dreht sich aber jemand einfach um oder spricht von einem ganz anderen Thema, dann wird wohl keine Beziehung möglich sein. Die groben Formen der Zurückweisung spüren wir, die feinen Formen der Zurückweisung normalerweise nicht.

Wir gehen davon aus, daß unsere kleine neugierige, leicht aggressive, etwas zu indiskrete Grenzüberschreitung akzeptiert worden ist. Wir bekommen eine schlagfertige Antwort, etwa auf eine Initialfrage: Interessieren Sie sich für Frauen? Reagiert ein Mann mit der Bemerkung: Nur wenn sie gut erzählen können. Damit drückt er aus, daß er mit der Grenzüberschreitung dieses Menschen umgehen kann. Jetzt ist aber auch das Neugiersystem von beiden angestachelt, beide signalisieren, daß sie neugierig sind aufeinander; die Möglichkeit zu mehr Exploration ist gegeben, und diese Exploration ist dann meistens nicht mehr übergriffig. Es sind die Fragen nach dem »Wer bist du?« oder zumindest von der Art: »Wie willst du dich vor mir darstellen?«, »Was ist dir wichtig?«, »Woher kommst du? Wohin gehst du?« Es ist übrigens sehr interessant, bei sich selbst nachzuprüfen, welches die ersten Fragen sind, die wir einem Menschen stellen, und warum wir das tun.

Diese Exploration geht möglicherweise in ein Interesse über, und es wird evaluiert: Wie interessant ist dieser Mensch wirklich? Reicht mein gewecktes Interesse nur für ein kurzes Gespräch, für eine Arbeitsbeziehung, für eine Affäre oder für eine Liebesbeziehung?

Fällt uns ein Mensch auf und finden wir ihn interessant, dann schreiben wir diesem Menschen ein bestimmtes Wesen zu; wir machen eine Projektion, die sich in der Regel an einer Wahrnehmung entzündet. Etwa: Das ist ein Mensch, der wunderbare Einfälle hat. Oder: Das ist jetzt endlich eine Frau, die das Leben wunderbar im Griff hat. Oder: Endlich jemand, mit dem es sich ausgelassen feiern läßt. Vielleicht auch nur: Dieser Mensch könnte mir in einem gewissen Gebiet einen Vorteil bringen. Diese Projektion ist unsere Vorleistung, die im Explorationsverhalten geprüft wird. Beide leisten natürlich diese projektive Vorleistung, und beide prüfen diese Vorleistung: Gibt es Anhaltspunkte für das, was ich zu sehen und zu fühlen meine? Ich habe im Zusammenhang mit Interesse immer wieder gesagt, daß im Wirkkreis des Interesses unsere Innenwelt uns in der Außenwelt begegnet und entgegenkommt, und das wird ganz besonders deutlich sichtbar in der menschlichen Beziehung. Da wird unsere Innenwelt am Menschen außen konkretisiert. Sind wir der Ansicht, daß wir »richtig gesehen« haben, kommt ein Beziehungsprozeß in Gang, und die Projektionen werden in der Regel weniger, wir kennen uns besser. Natürlich können wir nicht leben, ohne zu projizieren, aber wir wollen auch wissen, was das Wesen des anderen ausmacht, und wir bemerken auch, daß sich in der Interaktion Dinge ereignen und sich erschließen, die nur durch die Beziehung möglich sind.

Das kann bereichernd sein, es kann aber auch hemmend sein.[51] Ist es vor allem bereichernd, dann sind wir wahrscheinlich bereits verliebt.

Die Beziehung kann eine Liebesbeziehung werden, wenn wir spüren, daß wir beide ineinander zentral Wichtiges für unser Leben ansprechen und beleben, etwas, das uns selbst auch neu, fremd und faszinierend ist. Man ist von größtem Interesse füreinander ergriffen. Wir nehmen oft gar nicht wahr, daß das auch etwas mit unserer Innenwelt, unserer Seele zu tun hat – wir schreiben alles der interessierten Anwesenheit eines anderen Menschen zu, der uns zutiefst interessiert. Tiefenpsychologisch gesehen, geht man davon aus, daß in dieser Situation in beiden Menschen Anima und Animus, meistens als Paar, aktiviert oder konstelliert worden sind. Anima und Animus sind archetypische Bilder. Archetypen sind Ordnungsprinzipien, Strukturierungsprinzipien, allen Menschen eigen, die es ermöglichen, Information und Emotion in sinnvollen Bildern aufzunehmen, und zu vernünftigem Handeln anregen. Mit »Ordnungsprinzipien« ist keine statische Ordnung gemeint, sondern eine, die sich immer wieder neu vollzieht im Sinne einer Selbstorganisation, wie sie etwa die Systemtheorie kennt.[52] »Die Welt ist nicht, sie geschieht«,[53] aber unter bestimmten Bedingungen. Die Verantwortung des Menschen kann also doch nicht abgegeben werden.

Anima und Animus sind Bilder solcher Ordnungsprinzipien, die die Beziehung im weitesten Sinne regeln: die Beziehung zwischen Ich und Du, Innenwelt und Außenwelt usw. Im Bild erscheint die Anima verallgemeinert als die geheimnisvolle Fremde, der Animus als der geheimnisvolle Fremde in Träumen und in Phantasien. Anima und Animus müssen Gestalten sein, die uns fremd sind und die uns faszinieren, etwas, das unser Interesse in hohem Maße hervorruft, unsere Phantasie in hohem Maße anregt. In der Verliebtheit idealisieren wir einander, und wir stellen fest, daß Seiten in uns belebt werden, die wir vorher noch nicht gekannt haben. Wir erleben, daß Altes, Verkrustetes aufbricht, daß wir plötzlich Lebensmöglichkeiten haben, von denen wir keine Ahnung hatten. Wenn Anima und Animus als Paar konstelliert werden, dann sehen wir einander so ideal, wie dies früher oft göttlichen Gestalten zugeschrieben wurde, und das gibt uns dann ein Gefühl von Ganzheit, von etwas Göttlichem, aber auch von Liebe. Das ist ein höchst geheimnisvoller Vorgang. Man kann aber Jahre später durchaus benennen, was man gegenseitig belebt hat, was man aus dem anderen jeweils herausgeliebt hat, was dieses Interesse auch im Leben eines jeden bewegte. Nicht selten weckt dieses Interesse neu das Interesse für einen selbst und bewirkt einen Entwicklungsschub. Aus einem anderen Menschen etwas herauslieben heißt nicht, daß man nur schöne Seiten in einem anderen Menschen belebt, man kann auch durchaus weniger schöne Saiten in einem anderen Menschen zum Klingen bringen. Auf einer pragmatischen Ebene kann man abschätzen, was durch die jeweilige Beziehung in unser Leben hereingekommen ist. Das ist aber nicht nur an äußeren Veränderungen festzumachen, sondern auch an inneren: durch das große Interesse aneinander, durch die Faszination sind Anteile von uns ins Leben geholt worden – besonders auch deshalb, weil man sich wirklich füreinander interessiert –, die sonst nicht so leicht verwirklicht werden. Diese Animus-Anima-Konstellationen werden, wenn tatsächlich eine Beziehung entsteht, zum Teil ins Leben integriert, man entwickelt eine besondere Seite, je mehr sie den Partner fasziniert, desto stärker, und lebt sie im Beziehungsalltag. Neben die ideale Sicht tritt später auch eine nüchterne: der Partner ist kein geheimnisvoller, wunderbarer Fremder mehr, die Partnerin keine geheimnisvolle, wunderbare Fremde. Und dennoch klingt das, was das Anfangsinteresse ausgelöst hat, immer einmal wieder an. Aber die Beziehung ist viel weniger interessant als an ihrem Anfang, man sehnt sich zurück nach den Phasen dieses großen Interesses. In Außenbeziehungen, die sich in dieser Phase des nachlassenden Interesses oft ereignen, ist auch der Versuch zu sehen, eine neue Animus-Anima-Konstellation in der eigenen

Psyche wiederzuerleben. Das müßte nicht unbedingt in einer Außenbeziehung geschehen, das könnte sich auch beim Ursprungspaar ereignen, ist aber in einer Außenbeziehung mit einem fremden Menschen leichter.

Ein Mann, 34, erzählt: »Erst als ich diese Frau kennengelernt hatte, da wurde ich plötzlich mutig. Und mutig sein oder nicht mutig sein kann ein Leben ganz schön verändern. Und meine Frau wurde in ihrem Beruf sehr kreativ, sie schaffte richtig den Durchbruch. Und als ich dann plötzlich mutig war und sie plötzlich sehr kreativ, dann war die Beziehung irgendwie gar nicht mehr so interessant.«

Er nahm dann eine Außenbeziehung auf zu einer »leidenschaftlichen Frau, so einer Löwin«, spürte aber, daß das unstimmig war. Er sprach mit seiner Frau und sagte ihr, bei ihm sei jetzt Leidenschaft angesagt. Seine Frau fand, sie seien leidenschaftlich, und sie sei auch leidenschaftlich in ihrer Arbeit. Er meinte eine andere Leidenschaft. Die beiden sind dann in eine Paartherapie gegangen und haben gelernt, sich neu wieder aufeinander einzulassen mit dem, was bei ihnen jetzt aktuell konstelliert war, bei ihm eben seine Form der Leidenschaft. Beide stellten fest, daß ihnen eine neue Form der Paarbeziehung vorschwebte: nicht mehr dieses gegenseitige Stützen, sondern die gegenseitige Herausforderung. Bei ihm war das ausgedrückt in einem Paar, das sich leidenschaftlich liebt, bei ihr ebenfalls in einem leidenschaftlichen Paar, das gleichgewichtig, einander ebenbürtig ist, wie es auf der Animus-Anima-Ebene etwa im Hohen Lied in der Beziehung von Shulamit und Salomo ausgedrückt ist.[54]

Die gegenseitige Projektion von Animus-Anima, meistens als Paar und deshalb auch eine seelische Grundlage für gleichgeschlechtliche Beziehungen, bewirkt Verliebtheit, bewirkt Liebe. Es gibt aber auch einseitige Projektionen: einer oder eine ist dann »wahnsinnig« verliebt, der oder die andere nicht so sehr. Da ist dann einer sehr interessiert, der andere nur mäßig. Dieser doppelte Wirkkreis des Interesses kommt nicht wirklich in Gang. Es gelingt nicht, diesen interessanten Menschen für einen selber zu interessieren. Vielleicht ist das vorübergehend; viele Menschen sind durch das vitale Interesse eines anderen Menschen an uns mehr oder weniger verführbar, aber das Interesse hält nicht an. Das Interesse verführt, das führt bis hin zu dem Mißverständnis, daß zwischenmenschliches, aber nicht erotisches Interesse an einem Menschen als Liebesangebot mißverstanden wird. Das gegenseitige Interesse aber entwickelt sich nicht.

Ein Mann, 28, trifft eine Frau, von der er überzeugt ist, daß das die Frau ist, die er schon ein Leben lang gesucht hat. Sie ist schüchtern, aber er sieht in ihr eine vitale Wildkatze, die der Erlösung harrt, und er macht sich an die Erlösung. Er spricht dann auch vom Film »My fair Lady« und vergleicht sich mit Higgins. In der Mythologie entspricht diesem Paar Pygmalion, der sich eine Frau ganz nach seinem Bilde schafft, und diese Frau wird dann von Aphrodite belebt.[55] Dahinter steht die Vorstellung, sich eine Frau zu schaffen, die man ganz und gar lieben kann, wie es in der indischen Mythologie in der Beziehung von Shiva und Shakri ausgedrückt ist.[56] Er projiziert also vor allem die vitale Wildkatze auf die Frau. Das ist seine phantasierte Vorleistung des Interesses. Sie findet das zunächst ganz anregend. Die Frau paßt sich an seine Projektion an, fühlt sich aufgewertet, ist narzißtisch verführt und verliert dabei immer mehr sich selbst. Sie wird aber zunehmend ungehaltener, daß er andere Qualitäten an ihr nicht sieht, er wird ungehalten, weil sie ihn zu wenig erfolgreich sein läßt: Sie wird einfach nicht zu der Wildkatze, die er sich vorgestellt hat und die er sich wünscht. Sie ist ernüchtert, er auch.

Es ist ein großes Thema der Literatur, daß man sich einem Bild gemäß verhält, das der vermeintlich Liebende über einen wirft – ein wirklich Liebender würde ein Bild sich entwickeln lassen – und dabei sich selbst verrät, sich dabei von sich selbst entfremdet.

Gelegentlich wird das dieser Frau, um bei unserem Beispiel zu bleiben, bewußt, Projektionsträgerin eines solchen archetypischen Bildes zu sein. Sie beklagt sich dann, daß sie nicht wirklich gemeint ist, daß er sich nicht wirklich für sie interessiert, sondern nur für sie als Trägerin dieses Bildes. Und sie muß zugeben, daß sie sich auch nicht wirklich für ihn interessiert. Das ist in unserem Zusammenhang wichtig: Eine solche Projektion kreiert kein Interesse. Der Mann meint zwar, sich ungeheuer für diese Frau zu interessieren, aber er interessiert sich für einen Aspekt seiner eigenen Seele, die an dieser Frau zum Ausdruck kommt. Könnte sie etwas Vergleichbares, vielleicht Korrespondierendes, projizieren, dann könnten sich beide füreinander und gleichzeitig auch für die eigene Seele interessieren. Fällt das Interesse dann zusammen, versuchen Frauen gelegentlich, die Erwartungen des Partners oder der Partnerin noch perfekter zu erfüllen. Auch sie sind eigentlich nur interessiert daran, sich das Interesse des Mannes zu erhalten, sie sind nicht am Mann selbst interessiert.

Interesse aufrechterhalten in einer Beziehung

Die einseitigen Projektionen können zwar ein gewisses Interesse wecken, das aber bald wieder erlahmt, und zwar meistens schlagartig.

Aber auch in den Beziehungen von Paaren, bei denen beiden ein Animus-Anima-Paar in ihrer Psyche belebt ist, bei denen diese gegenseitigen Projektionen von einer wirklichen Vision der Liebe unterlegt ist, die sich darin zeigt, daß man für einige Zeit den Partner oder die Partnerin so sieht, wie er oder sie im besten Fall sein und werden könnte, geht das Interesse zurück. Die archetypischen Bilder von Anima und Animus gründen, wie alle Archetypen, auch im Körper, haben also auch eine große Wirkung auf die sexuelle Anziehungskraft. Aber auch diese Faszinationen des

Anfangs werden weniger, und deshalb die Frage: Kann man das Interesse aufrechterhalten? Ist das, was wir bis jetzt zur Erhaltung des Interesses bedacht haben, auch auf Beziehungen übertragbar?

Gelänge es den Partnern, füreinander immer wieder auch neu und geheimnisvoll zu sein, innerhalb der wachsenden Vertrautheit, dann könnte das Interesse eher erhalten bleiben. Daraus ergeben sich einige Konsequenzen: Passen wir uns zu sehr einem anderen Menschen an, dann sind wir selten überraschend, bringen wenig Neues in die Beziehung, und geheimnisvoll sind wir schon gar nicht. Es kann also nicht um Anpassung gehen, sondern darum, das Gegenüber, das Du einzubeziehen, den immer wieder entstehenden Widerspruch konstruktiv zu nutzen und so für beide zu lebbaren Kompromissen zu finden.

Neu, überraschend und vielleicht auch etwas geheimnisvoll ist man eher, wenn man sich selbst weiterentwickelt und wenn man ein eigenes Leben lebt. Das eigene Leben leben heißt im Zusammenhang mit Interesse: auch den eigenen Interessen nachzugehen. Es gibt Menschen, die, sobald sie in einer Beziehung sind, die Interessen des Partners, der Partnerin zu ihren alleinigen Interessen machen und meinen, das sei in hohem Maße beziehungsdienlich. Es ist zwar wichtig, daß ein Paar auch gemeinsame Interessen hat, es ist aber auch wichtig, den eigenen Interessen nachzugehen, die hoffentlich auch wahre, eigene Interessen sind und nicht von außen in irgendeiner Weise gefordert werden.

Den eigenen Interessen nachzugehen stimuliert die Neugier des Partners oder der Partnerin. Was machst du da? Auch wenn diese Interessen gelegentlich etwas entwertet werden und Eifersucht auf die mit anderen Menschen verbrachte Zeit aufkommt, Neugier und Interesse sind geweckt.

Wir haben festgestellt: Droht etwas uns zu langweilen, kann man eine andere Perspektive einnehmen, das kann man auch in Beziehungen tun. Wie hätte der Urgroßvater oder die Urgroßmutter meinen Partner oder meine Partnerin gesehen und beschrieben? Oder: was würde dieser Mensch auslösen, wenn ich ihn zum ersten Mal sähe? Die Energie, die auf den Partner oder die Partnerin dadurch gerichtet wird, macht diese meistens schon wieder interessanter, und aus der Perspektive der Urgroßeltern sieht man wahrscheinlich Aspekte, die man bis jetzt übersehen hat.

Interessiert man sich wirklich für den anderen Menschen, so wird man ihn oder sie und die gemeinsame Beziehung auch wie ein Werk betrachten. Das ist auch die geheime Hoffnung, wenn wir lieben: daß man sich nicht nur gegenseitig die Bedürfnisse befriedigt, nicht nur die narzißtischen Bedürfnisse befriedigt, sondern daß man sich wirklich füreinander interessiert. Das wäre für Fromm »Liebe im Modus des Seins«:[57] sich für jemanden oder um etwas zu sorgen, auf jemanden oder etwas einzugehen, jemanden oder etwas gründlich kennenzulernen, zu bestätigen und sich daran zu erfreuen. Zusammenfassend sagt Fromm, Liebe im Modus des Seins heiße, sie oder ihn »zum Leben zu erwecken, seine/ihre Lebendigkeit zu steigern.«[58] Das ist auch die Hauptthese seines Buches *Die Kunst des Liebens*: Liebe ist gegeben, wenn man die Lebendigkeit eines anderen Menschen steigern kann. Ich würde ergänzen: wenn man beim Partner die Lebendigkeit steigern kann. Was ist das aber anderes, als sich nachhaltig füreinander zu interessieren?

Eine Frage nach den gegenwärtigen Interessen kann das Interesse auch wieder anfachen: nicht einfach eine Frage nach oberflächlichen Interessen oder offensichtlichen Interessen, sondern die Frage danach, was den anderen oder die andere im Moment wirklich interessiert.

Vielleicht sind es gelegentlich die in der Welt vollbrachten gemeinsamen Werke, über die man spricht und die auch das gegenseitige Interesse wiederbeleben können. Die gemeinsamen Interessen gelten oft den Kindern, die ja auch ein »Werk« der Beziehung sind. Was man wirklich miteinander teilen kann, verstärkt die Interessen, steigert das gegenseitige Wohlbefinden und belebt die Beziehung.

Ein wichtiger Aspekt ist auch in diesem Zusammenhang der Umgang mit Enttäuschung. Was kann vom bereits Gesagten übertragen werden?

Wichtig scheint mir die Unterstützung von außen zu sein: Ist das Interesse an einem Menschen, mit dem man zusammen ist, schon etwas abgeflaut, andere Menschen finden unseren Partner oder unsere Partnerin aber sehr interessant und attraktiv, dann kann das auch das eigene Interesse wieder stimulieren – und das nicht nur aus Eifersuchtsgründen. Es wird deutlich, daß andere Menschen eine andere Perspektive haben können und daß man selbst vielleicht das Lästige an einer Beziehung, das, was zu den gewöhnlichen Enttäuschungen führt, überbewertet und das Interessante vergißt.

Wie immer im Umgang mit Enttäuschung kann man auch das Ziel umdefinieren: Das wird man auch tun müssen, denn am Anfang einer Beziehung hat man ja ein ideales Ziel, man will eine ideale Beziehung, man will das perfekteste Liebespaar sein auf der Welt. Die Neudefinition hieße dann vielleicht: Es genügt, wenn wir von Zeit zu Zeit ein perfektes Liebespaar sind, es genügt, wenn wir von Zeit zu Zeit eine anregende Diskussion haben, es muß nicht ständig sein. Es genügt, wenn wir zwei gemeinsame Werke haben, es muß nicht alles gemeinsam sein.

Es ist durchaus möglich, in einer Beziehung Interesse wieder zu generieren, aber es ist nicht einfach. Gelegentlich muß man sich auch wirklich dazu entschließen, wie wir es auch tun, wenn eine Arbeit ansteht, die zu wenig interessiert, die man aber erledigen will. Sich füreinander zu interessieren wird dann zur Beziehungsarbeit. Über längere Zeit fehlendes Interesse ist die Totengräberin der Liebe. Es ist für uns außerordentlich kränkend, wenn wir den Eindruck haben, daß sich ein Mensch, der sich einmal sehr für uns interessiert hat, nicht mehr interessiert oder nur noch Interesse heuchelt. Gelegentlich werden auch Akzeptanz und Dankbarkeit als Interesse mißverstanden. Da sagen etwa Menschen: »Ich bin dir wahnsinnig dankbar, du bist so hilfreich, du hältst mir den Rücken frei, ohne dich hätte ich das und das nicht machen können.« Und eine solche Aussage wird vom Partner oder der Partnerin als Interesse an der eigenen Person gewertet. Das ist keine Äußerung von Interesse, sondern von Akzeptanz und Dankbarkeit für die Hilfestellungen.

Es gibt eine Möglichkeit, Interesse auch wieder zu generieren in einer etwas überraschenden Weise: Man weiß, daß Freude und Interesse miteinander interagieren. Wenn wir uns miteinander freuen, steigert dies auch das Interesse aneinander. Etwas miteinander erleben, das beiden wirklich Freude macht, steigert das Interesse, ohne daß man etwas dafür tun muß.

Was am Anfang so leicht war, sich füreinander zu interessieren, braucht einen Vorsatz und Arbeit, die sich aber lohnen, denn wir neigen dazu, auf das ehrliche Interesse eines anderen Menschen auch mit Interesse zu reagieren, und der Wirkkreis des Interesses kommt wieder in Gang.

Es ist nicht einfach, das gegenseitige Interesse aufrechtzuerhalten, es ist aber meines Erachtens eine der größten Aufgaben, die wir in Beziehungen haben.

Bis jetzt sind wir immer von Menschen ausgegangen, die sich für einen anderen interessieren können. Im Zusammenhang mit der narzißtischen Störung haben wir festgestellt, daß Menschen, die an dieser Störung leiden, grundsätzlich oder vorübergehend wenig in der Lage sind, sich für andere Menschen zu interessieren; die anderen werden eher als Selbstobjekte gebraucht: sie sollen einen mit Freude und Interesse bedenken, beachten und spiegeln, und sie sollen bewundernd und beschützend zugegen sein, wenn sie gebraucht werden. Es besteht also ein narzißtisches Interesse an anderen Menschen, es werden Menschen gesucht, die nützlich sind, die einem psychisch das Überleben sichern, die einem von Vorteil sind. Es geht nicht um das gegenseitige Sich-Interessieren. Wenn wir uns aber nicht füreinander interessieren und dennoch beieinander bleiben, dann haben wir wahrscheinlich ein handfestes Interesse an der Beziehung. Das Interesse ist die einzige Emotion, die unambivalent beschrieben wird, also nicht mit einer hellen und einer dunklen Seite; die dunkle Seite des »handfesten Interesses« läßt sich indessen nicht wirklich verbergen.

Die handfesten Interessen

Da sagt ein Mann, der sich nicht mehr für seine Frau interessiert, sich vielleicht überhaupt nie wirklich interessiert hat, angesichts einer neuen Liebesbeziehung seiner Frau: »Ich kann doch da nicht einfach zusehen; meine legitimen Interessen sind bedroht.« Es geht jetzt nicht mehr um Liebe im Modus des Seins, sondern um Liebe im Modus des Habens. Fragt man nach, was denn die legitimen Interessen sind, dann sind es Interessen der Versorgung, aber auch das Interesse, fast immer jemanden zu haben, der »da« ist. Es geht jetzt nicht mehr um dieses vitale Interesse im Sinne des Sich-Interessierens, sondern jetzt geht es um einen Anspruch, den wir haben, um ein knallhartes Interesse. Auch die Neugier tritt wieder auf, aber im Dienste der Kontrolle. Nicht: Wer bist du denn auch noch? oder Was sieht denn dieser andere Mensch in dir? Sondern: Wo warst du? Was hast du gemacht? Wie oft?

Diese Interessen, wie etwa auch das Machtinteresse, das politische Interesse, das Parteiinteresse, haben nicht mehr viel von diesem ursprünglichen Sich-Interessieren. Das ursprüngliche Sich-Interessieren, dieser lebendige Prozeß, dynamisch, lebensnotwendig für unser Wohlbefinden, vitalisierend, ein Prozeß, der den Selbstwert steigert, zukunftsgerichtet, zielgerichtet ist, ein vitaler Wert, auf Entfaltung ausgerichtet, wird zu einem statischem Interesse. Im beharrlichen, statischen Interesse ist dieser dynamische Prozeß verfestigt. Man spricht dann von Vorteil, von Nützlichkeit; das Sich-Interessieren will Entfaltung, und zwar Entfaltung von allen, die am Prozeß des Sich-Interessierens beteiligt sind; die Interessen dienen indessen der Erhaltung von etwas:

Was man schon einmal erarbeitet hat oder wenigstens meint, erarbeitet oder sonstwie verdient zu haben, das will man sich erhalten.

Natürlich kennen wir Menschen beides, das Sich-Interessieren und die handfesten Interessen. Die handfesten Interessen sind ja auch nicht einfach schlecht. Es ist zum Beispiel im Interesse jedes Menschen, sich selbst ernst zu nehmen und für sich selbst zu sorgen. Dieser Satz kann aber doppelt gelesen werden: Er kann heißen: Ich übernehme Verantwortung für mich selbst, er kann aber auch heißen: Ich werde alles tun, was zu meinem Vorteil ist. Und hier wird das Interesse verdächtig. Wohl auch deshalb sprechen wir selten von »meinem Interesse«, viel öfter beschwören wir das Interesse der Gemeinschaft, der Gesellschaft, des Staates usw. Und es ist richtig: Bestimmte Dinge müssen so entschieden werden, daß die Gemeinschaft überleben kann, sich entwickeln kann, daß man überleben, zusammenleben, aneinander teilhaben kann. In den Interessen, die wir einem Kollektiv zuschreiben, können maskiert unsere egoistischen Interessen sein, ein ruchloses Verfolgen der eigenen Vorteile. Die verschiedenen Interessen führen dann auch zu Interessenkollisionen, bei denen sich dann die Vertreter der verschiedenen Interessen bekämpfen, aber auch zu Interessenaddition zwischen den verschiedenen Interessengruppen.

Eine Interessenaddition ist heute gut in der Fortpflanzungsmedizin zu beobachten. Die Anwendung der Fortpflanzungsmedizin wird kontrovers diskutiert und gibt durchaus Anlaß zu verschiedenen ethischen Überlegungen. Die Ärzte sagen: Frauen und Männer wollen Kinder, die Frauen haben ein Recht darauf, wenn sie ein Kind wollen, wenn immer möglich, auch eines zu bekommen. Die Frauen verlangen von uns Ärzten und Ärztinnen, daß wir die Fortpflanzungsmedizin vorantreiben. Daß die Ärzteschaft aber auch sowohl am gängigen Prozedere als auch an der Entwicklung von neuen Techniken interessiert ist, versteht sich von selbst, wird aber nicht formuliert. Ein Sich-Interessieren und handfeste Interessen gehen hier Hand in Hand. Das nennt man Interessenaddition. Will man eigene Interessen durchsetzen, auch etwa in der Politik, dann sieht man zu, ob es möglich ist, Interessen von verschiedenen Gruppierungen unter einen Hut zu bringen, sie zu addieren. In diesem Zusammenhang wird dann oft auch ein Interessenetikettenschwindel betrieben. Man benennt ein Interesse, von dem man weiß, daß es von vielen Gruppierungen geteilt wird – etwa Sicherung von Arbeitsplätzen –, und unter diesem Deckmantel versucht dann etwa eine bestimmte politische Gruppierung, weitergehenden Einfluß zu nehmen. Es ging nicht um die Arbeitsplätze, sondern um den Machtzuwachs einer politischen Partei. Deshalb ist es so wichtig, daß wir in unseren Gremien Interessenvertreter und Interessenvertreterinnen ganz verschiedener Provenienz haben. Dann werden in der Diskussion die verschiedenen Interessen sichtbar, und dadurch werden wirkliche Entscheidungen ermöglicht. Haben wir nur noch Interessenvertreter einer Herkunft, dann wird diese Diskussion um die verschiedenen Interessen nicht mehr geführt.

Das Interessiertsein als Prozeß und das Interesse als ein Bedürfnis, das man befriedigt haben will, können und müssen sich auch verbinden.

Nicht nur die Emotionspsychologie, auch Kant und Habermas und wohl auch viele andere sind der Ansicht, das Sich-Interessieren und das Interesse sei etwas, das den Menschen angeboren sei, eine anthropologische Konstante.

So haben Menschen technische Interessen, sie haben Interesse an revolutionärer Veränderung, an Freiheit, an Einsicht usw. Technische Interessen stehen im Dienste unserer Wünsche, daß die notwendigen Arbeiten erleichtert werden, daß wir nicht immer so hart arbeiten müssen. Im Interesse für revolutionäre Veränderungen steckt das Bedürfnis des Menschen nach Freiheit.

Jürgen Habermas vertritt in seinem Buch *Erkenntnis und Interesse*[59], daß es erkenntnisleitende Interessen gibt. Seine These: Die Wissenschaft ist nicht etwa ohne Interesse, der Wissenschaft geht es nicht einfach um die Wahrheit, sondern jede Form von Wissenschaft hat immer ein Interesse: Naturwissenschaft hat ein Interesse an der Naturbeherrschung; Geisteswissenschaft hat ein Interesse an der Orientierung im jeweiligen historischen Kontext, am Deuten; Sozialwissenschaft und Philosophie haben ein Interesse an Befreiung von Zwängen (Sozialwissenschaften nach dem Modell der Psychoanalyse gedacht). Auch für ihn sind Interessen transzendental, das heißt, sie sind anthropologische Konstanten, sind einfach da und konstitutiv für die jeweilige Wissenschaft. Kritisiert worden ist Habermas gerade wegen der Idee, daß die Interessen einfach da sind, zum Menschen gehören, archetypisch sind. Wenn Menschen handeln, dann immer schon im Kontext dieser Interessen. Es gibt immer erkenntnisleitende Interessen, die wir in der Regel nicht offenlegen. Diese Interessen sind aber meistens auch verbunden mit Prozessen des Interessiertseins, des interessierten Arbeitens, und sie stehen im Dienste der Verwirklichung des Menschen, nicht so sehr des einzelnen als der Menschheit als ganzer. Sie können letztlich zu Ergebnissen führen, die gebraucht oder mißbraucht werden können.

Öffentliches Interesse

Das öffentliche Interesse soll ermöglichen, daß das öffentliche Leben gut funktioniert und für alle befriedigend verläuft. Das öffentliche Leben soll dadurch erhalten werden und sich gut entfalten können. Man müßte die Menschen für das öffentliche Interesse zu begeistern versuchen, Aspekte des öffentlichen Interesses müßten zu persönlichem Interessieren führen. Um das zu erreichen, müßte die Politik die anzustrebenden Interessen als etwas Lustvolles, Gewinnträchtiges präsentieren, damit man sich freudig interessieren könnte. Heute wird das mit Angst bewerkstelligt: Man hat sich ökologisch zu interessieren, weil sonst irgendwann der ökologische Kollaps droht. Das mag alles richtig sein, aber damit weckt man nicht das lebendige Interesse der

Menschen. Angst, Neugier und Interesse wirken antagonistisch: Müssen wir zuviel Angst abwehren, dann können wir nicht mehr neugierig und interessiert sein.

Das öffentliche Interesse, wofür man sich zu interessieren hat, gleicht einem Persona-Interesse: Es ist aber vor allem eminent praktisch und realistisch. Es geht dabei auch um Interessen, die überdauern, etwa die bildungspolitischen Interessen, von denen viele Menschen fordern, daß sie Vorrang haben müßten, damit man die Begabungen ausschöpfen kann, damit auch Entwicklung im sozialen Feld stattfinden kann. Man weiß aus den Entwicklungsländern: Sobald die Frauen auch Schulbildung bekommen, werden sie selbstbewußter, selbständiger und kreativer, und es verändert sich auch das Verhältnis von Macht und Abhängigkeit zwischen den Geschlechtern. Diese bildungspolitischen Interessen haben durchaus auch einen Subtext. Auch da gibt es mehr oder weniger ausformulierte erkenntnisleitende Interessen – aber auch den Wirkkreis des Sich-Interessierens.

Das Unbehagen an den handfesten Interessen

Obwohl unsere Interessen wahrscheinlich archetypisch sind, zu uns einfach gehören und sinnvoll für die Erhaltung und Entfaltung des Individuums und der Gemeinschaft sind, hat es etwas Anrüchiges, wenn wir sagen: Ich mache das in meinem eigenen Interesse, oder wenn wir uns beschweren, daß etwas unseren Interessen zuwiderläuft. Eine Unterscheidung, wie sie die amerikanische Philosophin Agnes Heller vorschlägt und wie sie Carola Meier-Seethaler[60] zitiert, scheint mir hilfreich und klärend. Heller postuliert, es gebe »qualitative Interessen« als Bedürfnisse der Selbsterhaltung, und diese Bedürfnisse seien stillbar. Interessen als Besitzstreben, Machtstreben, Prestige-Ehrgeiz, von ihr als »quantitative Bedürfnisse« bezeichnet, seien unstillbar und hätten daher die Tendenz, sich zu einer Gier auszuwachsen. Gehen Menschen diesen quantitativen Interessen, die auch als Partikularinteressen verstanden werden, hemmungslos nach, dann wird das zu einer Schwierigkeit für das öffentliche Interesse, das auf die Teilhabe aller angewiesen ist.

Das Verfolgen der sogenannten quantitativen Interessen geschieht nach Heller in gesellschaftlichen Situationen, in denen Machtzuwachs ein hoher Wert ist und die Werte von Teilhabe und Solidarität geringer geschätzt werden als Macht. Ist Machtzuwachs der höchste Wert, dann besteht wenig Interesse am Du. Je narzißtischer Menschen sind, aber auch je narzißtischer eine Gesellschaft ist, desto mehr wird Interesse nur noch im Sinne der Nützlichkeit und des Vorteils verstanden. Oder anders: In Gesellschaften, wo es immer um Machtzuwachs geht, ist man weniger interessiert an kreativen Prozessen, nur an den Ergebnissen, und das nährt wiederum nicht die Innenwelt, schwächt das gute Selbsterleben. Das heißt: Wir werden narzißtisch immer bedürftiger. Die Optik auf Machtzuwachs hin stört den Prozeß des interessierten Arbeitens. Das kann man auch in kleinem Rahmen feststellen: Ein Forscher interessiert sich für die verschiedenen einheimischen Insekten. Die Arbeit an diesem Interessensgebiet erfüllt diesen Menschen, immer wieder macht er Entdeckungen, die ihn begeistern, er hat den Eindruck, daß er in Kürze etwas Zusammenhängendes, Aufregendes publizieren kann. Da fragt ihn ein Freund: »Rechnet sich das auch, hast du schon einmal ausgerechnet, was für einen Stundenlohn du zu erwarten hast?« Der Forscher antwortete, daß sein intellektuelles Vergnügen in keiner Weise mit Geld aufgewogen werden könne und daß diese Art des Denkens jedes Interesse schon im Keim ersticke. Insgeheim aber war er traurig und kam deutlich weniger gut voran mit seinen Forschungen; der Wind sei ihm aus den Segeln genommen worden, sagte er. Dieser Prozeß des Sich-Interessierens mit seinen Wirkungen auf das Selbst- und das Lebensgefühl ist ein so vitaler Prozeß, daß er wirklich nicht mit Geld aufgewogen werden kann, aber wir leben in einer Gesellschaft, für die Machtzuwachs und Geldzuwachs ein Thema ist und in der man sich auch etwas untüchtig vorkommt, wenn sich etwas nicht rechnet.

Wird das Interesse nur im Sinne des Vorteils gesehen und wenig auch im Sinne des Sich-Interessierens, entsteht leicht eine Gier nach dem Gegenstand des Interesses. Man bekommt nicht genug, kann nicht genug bekommen, denn man sucht am falschen Ort; eigentlich sucht man die Lebendigkeit, und diese bekommt man über den Prozeß des Sich-Interessierens. Beim gierigen Verfolgen der Interessen hat man dann vielleicht Macht oder Prestige, aber nicht dieses angeregte Gefühl, mitten drin in einem interessanten Prozeß zu stehen. Und so kann man eine etwas moderatere Gier auch verstehen als einen Versuch, das Bedürfnis nach dieser interaktiven Lebendigkeit zu befriedigen. Wird die Gier ausgeprägter, wird sie rücksichtslos gegen andere und gegen sich selbst, und da könnte man auch einen Übergang zur Sucht sehen.

Die Neugier

Kulturgeschichtlich gesehen hat der Begriff Neugier wechselnde Beurteilungen erfahren. Die Griechen kannten kein Wort für Neugier. Die *Metaphysik* das Aristoteles[61] beginnt aber mit dem Satz: »Alle Menschen streben von Natur aus nach dem Wissen.« Das Wissen wird verstanden als Sehen, als Schau, als Freude an den Sinneswahrnehmungen. Dieses Streben nach Wissen – von Natur aus – kann mit Neugier gleichgesetzt werden. Mit diesem Streben nach dem Wissen, mit dieser Neugier, kam auch die Lust an der Theoria, die Lust an der Schau.

Jacob Burckhardt hat eine interessante Theorie aufgestellt, die Odo Marquard in seinem Artikel »Neugier als Wissenschaftsantrieb« zitiert.[62] Burckhardt postuliert, die alten Griechen hätten die Theorie und die Tragödie erfunden, um die Leiden des Lebens vergessen zu lassen. Mit Theorie ist Wissen gemeint, und zwar das Erkenntniswissen, das theoretische Wissen also, nicht das praktische Wissen. Seine Begründung: Bei der theoretischen Wissenschaft könne man sich im Glanz eines Ideenkosmos sonnen, und das lasse einen das ganze Leiden am Leben vergessen. Und das Leiden, das dann doch noch vorhanden sei, arbeite man in der Tragödie ab. In der Tragödie identifiziere man sich mit den leidenden Menschen, man gehe durch alle Gefühle hindurch, leide mit und könne sich am Schluß der Vorstellung von all diesen Gefühlen, die auch mit dem eigenen Leiden zu tun haben, distanzieren. Die Tragödie, so war die Theorie, habe eine kathartische Wirkung. Das Glück aber erreichte man bei den alten Griechen über die Betrachtung des fernsten Kosmos. Da kann man das aktuelle Leiden vergessen. Diese Aussage hat einen gewissen Wahrheitsgehalt: Wer ein theoretisches Interesse hat, weiß, daß es ungeheuer erfüllend sein kann, über etwas nachzudenken, was einen ganz und gar erfüllt, keinem praktischen Nutzen genügen muß, in sich aber ein wunderbares System von großer Geschlossenheit, Ganzheit und Schönheit ist. Auf solche Systeme projizieren wir tiefenpsychologisch gesprochen unsere Ganzheit und unsere Sehnsucht nach Ganzheit.

Bekanntlich spielte ja im Christentum das Leiden eine besondere Rolle. Man fand, das Leiden dürfe man gar nicht vergessen: Das Leiden fordere Erlösung. Das Interesse für die Theorie hatte in den Dienst des Glaubens zu treten, oder die Theorie wurde geächtet, weil sie sich nicht auf Gott bezog und von der Neugier geprägt war. Und hier taucht nun nach Marquard das Wort Neugier auf, die Curiositas.[63] Besonders bekannt in der Auseinandersetzung mit der Neugier ist Augustinus. Er bezeichnet Neugier als jene theoretische Einstellung, die sich nicht fromm auf Gott bezieht, sondern auf Äußerliches, als eine weltliche Schaulust, die zu vermeiden ist. Aus sündigem Verderben strebt der Mensch nach dem Wissen. Wissensdurst wird Wißbegier, wird die Concupiscentia. Die Neugier wird theologisch als Sünde, ethisch von Augustinus als Laster gesehen.[64] Die moderne Wissenschaft hat nun aus diesem Laster wiederum eine Tugend gemacht. Neugier gilt seit der Aufklärung als Antriebstugend der modernen Wissenschaft, jetzt gibt es kein Neugierverbot mehr, sondern eine Neugierlizenz. In der Neuzeit darf der Mensch neugierig sein. Befreit von religiösen Legitimationszwängen darf alles beforscht werden, die modernen Wissenschaften sind entstanden. Die Befreiung vom religiösen Legitimationszwang hat z. B. bei den hermeneutischen Wissenschaften, bei den deutenden Wissenschaften, bewirkt, daß es eben nicht mehr nur *ein* Buch gibt, die Bibel, sondern viele Bücher, und es existiert auch nicht die eine Auslegung, sondern es gibt viele Auslegungen. Bei den experimentierenden Wissenschaften sind alle Objekte auf den Menschen und nicht mehr auf Gott bezogen und dadurch möglicher Forschungsgegenstand. Für uns heutige ist die Situation wieder etwas anders. Die Wissenschaft scheint fast wieder gottähnlich geworden zu sein, und es gibt einen öffentlichen Diskurs darüber, was denn alles erlaubt ist in der Forschung, wie man mit bestimmten Forschungsergebnissen umgehen sollte, ob man alles tun darf, was man tun kann. Das sind wichtige Fragen, auf die es keine einfachen Antworten gibt. Odo Marquard tritt vehement für die Neugierfreiheit ein, und von daher auch vehement für eine Trennung der Grundlagenforschung von der angewandten Forschung. Neugierfreiheit, sagt er, lebt von der Praxisferne. Und Neugierprofis, so nennt er die Wissenschaftler, müssen sich folgenlos irren dürfen. Dabei beruft er sich auf die Feststellung Luhmanns, daß die Wahrheit nie ohne den Irrtum zu haben sei. Grundlagenwissenschaft darf sich irren, die angewandte Wissenschaft muß sich an Regeln halten: Man darf nicht alles tun, was man denkt. Zu viele Regeln töten aber die Neugier. Hier besteht nun eine Ähnlichkeit zum früheren religiösen Legitimationszwang. Im Moment haben wir einen wissenschaftlichen Legitimationszwang, der, wenn auch nicht besonders laut, diskutiert wird.[65] Marquard warnt: Haben wir zu viele Legitimationszwänge, zerstören wir das Beste, was die Neuzeit uns gebracht hat, nämlich die Freiheit. Und deshalb plädiert er für eine strenge Trennung von Grundlagenforschung und angewandter Wissenschaft. Nowotny ist indessen der Ansicht, auch die reinste Grundlagenforschung finde heute in Anwendungskontexten statt.[66] Die Idee, daß Forscher und Forscherinnen bei der Grundlagenwissenschaft einfach der Neugier folgen dürfen, ist bestechend, aber nicht nur deshalb etwas unrealistisch, weil Grundlagenwissenschaft in Anwendungskontexten stattfindet, sondern auch, weil die erzielten Ergebnisse zu mehr oder weniger Erfolg führen. Mit den narzißtischen Komponenten bei Forscherinnen und Forschern ist selbstverständlich auch zu rechnen; es gibt nicht nur die reine Neugier, es gibt auch handfeste Interessen.

Neugierlizenz – Neugierverbot

Nun haben nicht nur Wissenschaftler und Wissenschaftlerinnen eine Neugierlizenz; die haben vor allem die Kinder. Dieser Neugierlizenz folgt dann aber bald ein gewisses Neugierverbot. Stellen kleine Kinder die Fragen, die wir auch gerne stellen würden, wären sie nicht zu gewagt, dann nimmt man ihnen das nicht übel. Kinder dürfen das. Werden sie aber größer, müssen sie lernen, daß Regeln von Nähe und Distanz einzuhalten sind und daß damit Ärger und mögliche Folgen vermieden werden. Trotz Neugierverbots bleiben Kinder aber ausgesprochen neugierig. Sie versuchen nun, auf indirektem Wege zu den Informationen zu kommen, die sie auf direktem Wege nicht mehr erfragen dürfen.

Verbote töten die Neugier, können diese aber auch wecken

In vielen Märchen gibt es ein Zimmer, in das zu gehen dem Held oder der Heldin unter Androhung größter Strafen verboten ist, ein sogenanntes Tabuzimmer. Die neugierigsten Heldinnen und Helden finden wir in diesen Märchen. Da gibt es zum Beispiel hundert Zimmer in einem Schloß, neunundneunzig davon darf man betreten, das hundertste aber nicht. Gelegentlich ist es auch das dreizehnte Zimmer, das man nicht betreten darf, bei Androhung der Todesstrafe, sollte man sich diesem Verbot widersetzen. Es sind Tabuzimmer: Tabuiert wird in der Regel aber besonders das, was unbedingt gewünscht wird, was aber auch in irgendeiner Weise gefährlich ist. Verbote und Tabus wecken die Neugier. Und nachdem sich die Heldinnen und Helden zunächst an die Regeln gehalten haben, nähern sie sich immer mehr dem verbotenen Zimmer, und eines Tages können sie ihre Neugier nicht mehr bezähmen. Sie öffnen die Tür, schauen hinein, entdecken etwas Geheimnisvolles, werden erwischt und auch bestraft – und dennoch führt dieser Tabubruch zu einem neuen Schritt in ihrem Leben, zu mehr Freiheit. Was aber muß so sehr tabuisiert werden?

In diesen Tabuzimmern in den Märchen kann alles mögliche verborgen sein: die Dreieinigkeit, eine grüne Jungfer, die schwarze Frau, die fast weiß geworden ist, eine Schlange, eine Gans, Leichen, der Graumantel usw.[67] Betrachtet man die Märchen in ihrem jeweiligen Kontext, dann wird deutlich, daß im Tabuzimmer immer das eingeschlossen ist, was für die Märchenheldin und dann im weiteren Sinne auch für die menschliche Gemeinschaft, in der sie lebt, notwendig ist, um sich weiterentwickeln zu können oder zumindest um überleben zu können. Oft ist es etwas, das darauf hinweist, daß das Dunkle im Leben zuwenig verantwortlich mitbedacht wird, oder wenn Naturwesen eingeschlossen sind, daß die Natur in ihrer Bedeutung für den Menschen zu wenig gesehen wird. Die Märchenheldinnen und die Märchenhelden beschaffen, neugierig wie sie sind, was sie und was die Gemeinschaft zur Weiterentwicklung braucht, und sie bezahlen auch dafür.

Es sind übrigens häufiger Märchenheldinnen, die das Tabuzimmer aufschließen. Das ist auch logisch, weil in unserer Kultur vieles, was dem Weiblichen zugerechnet wird, weggeschlossen ist. Natürlich kann man in diesen neugierigen Märchenheldinnen auch den Aufruf an die Frauen sehen, produktiv neugierig zu sein, wirklich Türen aufzustoßen ins Unbekannte, und nicht bloß konsumierend neugierig zu sein. Diese Mädchen und auch die Jungen werden nach dem Tabubruch verstoßen, haben ein schweres Problem zu bewältigen oder können zum Beispiel nicht mehr sprechen und sich in einer heiklen Situation nicht mehr verteidigen; etwa, wenn sie ein Kind geboren haben, die schwarze Frau, die sie im verbotenen Zimmer gesehen haben, es ihnen aber wegnimmt und sie selbst als Kindsmörderinnen verbrannt werden sollen. Diesen Zustand müssen sie aushalten. Dennoch ist das Verstoßenwerden der Auslöser eines Entwicklungsprozesses, mit dem Ziel, ins Leben zu integrieren, was sie zuvor erlebt und gesehen haben.

Die Neugier richtet sich nicht nur im Märchen, sondern zum Beispiel auch bei den heranwachsenden Kindern deutlich auf das

Tabu. Ein Neugierverbot ist möglicherweise gar nicht so neugierhemmend wie befürchtet. Aber das 13. Zimmer wie im Märchen muß irgendwie sichtbar sein, um neugierig zu machen. Wenig artikulierte Neugierverbote könnten durchaus lähmend wirken, denn dem unartikulierten Neugierverbot könnten ebenso unartikulierte Denkverbote folgen in der Art: So denkt man heute einfach nicht!

Verfallsformen der Neugier

Im Zusammenhang mit dem Anknüpfen von Beziehungen haben wir die Neugier als Türöffner kennengelernt. Wir möchten etwas wissen über den anderen Menschen und setzen damit eine Interaktion in Gang. Wird uns die Neugiererlaubnis erteilt und der angesprochene Mensch gibt damit zu erkennen, daß er bereit ist, auf einen Kontakt einzugehen, kann sich daraus ein interessierter Austausch entwickeln. Wird die Neugiererlaubnis aber nicht erteilt, und der neugierige Mensch läßt sich dadurch nicht bremsen, wird diese Neugier als aggressiv, als eindringend erlebt, und wir reagieren mit Abwehr. Das heißt: Neugier eines anderen Menschen, die uns unwillkommen ist oder die uns in ihrer Quantität überwältigt, aber auch Neugier ohne jedes wirkliche Interesse wirkt übergriffig, aggressiv, wie ein versuchter Diebstahl. Neugier kann so weit gehen, daß Menschen etwas entrissen wird, das sie nicht freiwillig hergeben würden, heute ersichtlich am Verhalten der Paparazzi. Sie dringen selbst ungesehen in die Privatsphäre der Menschen ein, veröffentlichen deren Geheimnisse – natürlich im »Interesse der Gesellschaft«, niemals aus persönlichen Interessen, auch wenn für ein Foto zwei Millionen Franken erzielt werden können.

Der Neugier als Gier nach Information, nach Sensation, nach Aufregung geht es nicht um Beziehung, sondern um ein »Mehr Haben«. Da sagt jemand ganz stolz: Ich habe viel von Ihnen in

Erfahrung gebracht – und schweigt dann. Das ist Neugier im Dienste des Habens; das sind oft neugierige Menschen mit einer guten Nase für Anrüchiges und ohne Scheu, ihre Nase in alles mögliche zu stecken. Ein Mehr an Wissen ist auch ein Mehr an Macht. In der heutigen Zeit kann dann eine solche Sensation auch rasch und vielfältig in den Medien verbreitet werden. Diese Form der Neugier gibt nie eine Antwort auf die Frage, wer der andere ist oder wie die andere ist. Diese Form der pervertierten Neugier öffnet keine Türen mehr, sie drückt sie ein. Sie ist ein Übergriff, gelegentlich auch ein übler Übergriff, der bewirkt, daß der Mensch, dem die Neugier gilt, sich abschotten muß.

Die Neugier ist hier nicht mehr der Beginn einer Interaktion, eines gegenseitigen Sich-Interessierens, sondern ähnlich dem Verfolgen der eigenen Interessen fehlt hier die Beziehung auf das Du, der Gedanke an die Teilhabe. Das Bewußtsein, daß wir teilhaben wollen aneinander, ist nicht vorhanden, und deshalb kommt hier auch nicht die Qualität der Neugier zum Tragen, sondern die Quantität. Je mehr den Reichen oder Berühmten oder den Politikern und Politikerinnen an Geheimnissen entrissen wird, desto besser. Und das heißt: Es geht nicht mehr um ein Interesse als wissende Teilhabe, sondern um eine Form von Ausbeutung. Gegenseitiges Interesse nährt, neugierige Ausbeutung mag zwar für einen Moment narzißtische Befriedigung hervorrufen, aber sie nährt nicht (und deshalb muß sie immer mehr werden). Und wenn wir nicht auch ein geheimes Interesse an diesen Neugierdiebstählen hätten, würde niemand mehr die Zeitungen und Zeitschriften kaufen, die diese Neugierdiebstähle veröffentlichen, und dann fänden sie auch nicht mehr statt.

Neugier verweilt bei den anderen, nicht bei sich selbst

Wer sich schon nicht wirklich interessieren kann, wer einen wenig besetzten Ichkomplex hat, kann immerhin noch neugierig sein, und damit verweilt er bei den anderen, nicht bei sich. Wenn wir uns interessieren, dann sind wir zwar bei einem anderen, sind aber auch bei uns selbst. Wenn wir nur neugierig sind, dann sind wir eigentlich immer bei den anderen, nicht bei uns selbst. Sehr neugierige Menschen, bei denen sich die Neugier mit Klatschsucht verbindet, sprechen ständig über jemanden, nur nie über sich selbst. Sie wissen fast alles über viele und wenig über sich selbst. Fragt man sie nach ihrem Gefühl, wenn sie eine Geschichte über andere erzählen, sind sie verwirrt. Ihr Gefühl steht doch gar nicht zur Debatte. Daß sie es gar nicht wahrnehmen, entgeht ihnen meistens.

Heidegger schrieb in *Sein und Zeit*:[68] »Die Neugier ist überall und nirgends. Dieser Modus des In-der-Welt-Seins enthüllt eine neue Seinsart des alltäglichen Daseins, in der er sich ständig entwurzelt.«

Menschen können so leben, daß sie ständig neugierig sind auf etwas, etwas zieht sie ständig an, dadurch aber auch weg von sich selbst. Indem man neugierig ist, entwurzelt man sich ein Stück weit. Neugier als Neugier verwurzelt sich auch nicht neu – nur in ihrer Türöffnerfunktion für das Interesse verwurzelt sie sich. Die Neugier wird auch als eine anthropologische Konstante gesehen, aber als eine solche, in der wir uns ständig entwurzeln und uns dabei auch verlieren. Hier leuchtet aber auch der wichtige innere Zusammenhang zwischen Neugier und Interesse auf. In der Neugier entwurzeln wir uns wirklich, deshalb kann auch Neues entstehen. Wir gehen aus uns heraus, suchen immer neu das Aufregende. Indem wir uns dann in der Folge zu interessieren beginnen, sind wir zwar beim anderen, holen uns selbst dabei aber auch wieder zurück. Ohne Neugier würden wir immer im alten Saft schmoren. Aber wenn wir nur neugierig sind, dann sind wir einfach nicht mehr bei uns selbst, dann sind wir entwurzelt. Heidegger meinte, daß zu der Zeit, als er das erwähnte Buch geschrieben hat – es ist 1927 erschienen –, die Menschen deutlich dieser Neugier verfallen waren. Es scheint in der Tat ein nachhaltiges Problem zu sein.

Die unersättliche Neugier

Diese Gier nach dem Neuen, der Erlebnisdrang, die Sehnsucht, sich und die Welt zu verändern, bewirkt an sich eine Öffnung, birgt aber auch die Gefahr in sich, daß man sich dabei selbst aus den Augen verliert.

Die Gier nach dem Neuen ist ein wichtiges gesellschaftliches Thema. Unsere Werbung funktioniert dann am besten, wenn sie unsere Neugier anstachelt. Es gibt immer wieder neue Sportarten, die rasch veralten, es gibt immer wieder neue Reiseziele, und wir Menschen sind da äußerst verführbar. Will man etwas verkaufen, muß man es als neu anpreisen. Es kann so gut sein, wie es will, aber wenn es alt und bekannt ist, wird es kein besonderer Verkaufshit. Es gibt einfach keine Altgier, es gibt nur eine Neugier. Und die Neugier ist unter anderem auch eine Gier, und eine Gier ist unersättlich. Und deshalb kann Neugier auch zu etwas Unersättlichem werden.

Neugier ist aber nicht grundsätzlich eine unersättliche Gier, sie ist Gier insofern, als wir immer wieder darauf aus sind, etwas Neues zu erleben, zu suchen, zu lernen. Und das bedeutet auch, daß der Mensch sich immer weiterentwickeln will. Neugier ist eine wunderbare Emotion gegen Trägheit und Motivationslosigkeit, aber sie kann diese unersättliche Komponente haben, und dann wird sie zur Sucht, mit der Folge, daß wir überall auf der Welt sind, nur nicht bei uns selbst. Neugier als Sucht – ein neugieriges Leben als Sucht. Die Neugier-Sucht hat wie das Interesse an sich natürlich den Reichtum und die Fülle der Welt im Blick. Man möchte Zugriff auf den Reichtum der Welt, klappt's nicht, wird die Anstrengung verdoppelt. Man rennt von einem zum anderen, man ist sehr beschäftigt, wenn man neugierig ist, aber man hat dann auch keine Zeit für das Eigentliche, für das wirkliche Sich-Interessieren. Man kann davon ausgehen, daß Menschen, die sich wenig interessieren, dieses Defizit mit Neugier kompensieren können.

Aber auch der vermeintliche oder der echte Mangel an Zeit verführt zur Neugier und läßt daraus kein Interesse entstehen. Das wirkliche Sich-Interessieren für etwas ist zeitintensiv. Je mehr Interesse wir für etwas aufbringen, je mehr Zeit wir in eines unserer Interessen investieren, desto interessanter wird es. Es wird beklagt, daß das Lebenstempo in der heutigen Zeit so viel größer geworden ist, daß man für nichts mehr Zeit hat, immer mehr in noch kürzerer Zeit bewältigen muß. Allerdings ist schon lange Zeit Geld und Zeitverschwendung ein Laster. In der Industriegesellschaft, im Zeitalter der elektronischen Medien muß alles noch schneller gehen, oft entgegen den normalen menschlichen Rhythmen. Die Nacht wird zum Tag, und am Sonntag muß man das erledigen, was während der Woche liegengeblieben ist. Die Muße geht dabei verloren. Der Umgang mit der Zeit ist zu einem großen Problem geworden.[69] Die Idee, daß schneller auch besser ist, ist zu einer wenig hinterfragten Überzeugung geworden. Viele Menschen beklagen sich, daß sie unter einen ungeheuren Zeitdruck geraten, sich aber auch selbst unter einen ungeheuren Zeitdruck setzen. Gegenüber dieser Zeitspirale, diesem immer mehr erhöhten Lebenstempo fühlt sich der einzelne Mensch mit seinen Bedürfnissen nach den eigenen Rhythmen hilflos. Und in der Freizeit muß man so vieles erledigen, daß auch wieder keine Zeit bleibt. Und dabei hat der postmoderne Mensch Angst, das meiste oder zumindest das Wichtigste zu versäumen. Die Beschleunigung suggeriert eine lückenlose Folge von Höhepunkten: ein gutes Klima für die Neugier und den mit ihr verbundenen Aktionismus, ein schlechtes Klima, um sich nachhaltig zu interessieren. Fehlt die Zeit zum Vertiefen, dann bleibt eigentlich nur noch die Neugier. Wir erfahren viel in kurzer Zeit, aber es fehlt die Zeit, um uns mit den Dingen wirklich auseinanderzusetzen. Fehlt uns aber das Gefühl des vitalen Interesses, dann verfällt man erst recht der Neugier.

Es ist natürlich zu fragen – es wird zunehmend auch danach gefragt –, was gegen diese zunehmende Zeitnot unternommen werden kann. Jeder und jede einzelne muß hier Lösungen finden und sich nicht einfach dem Zeitdiktat unterwerfen. Man muß sich die Zeit nehmen, denn es ist genug Zeit da. Zeit ist die einzige Währung, die nicht korrumpierbar ist. Wir haben unsere Lebenszeit, und irgendwann ist sie vorbei. Es ist genug Zeit da, es ist nur die Frage, wie wir mit der Zeit umgehen, und es ist auch die Frage, ob wir alle wie die Hamster in ihrem Rad einfach bei allem, was an uns herangetragen wird, mitlaufen oder ob wir darauf bestehen, auch unsere eigene Zeitökonomie zu haben. Der Luxus besteht im Moment ja wohl darin, daß man so lange bei etwas bleiben darf, bis sich das Interesse auf natürliche Weise erschöpft hat und man sich gerne wieder etwas anderem zuwendet. Wenn das aber Luxus ist, dann kann das nicht der Alltag sein, und dennoch: ab und zu sollte man sich diesen Luxus schon gönnen.

Die Neugier hat es als Emotion leichter in unserer Zeit als das Interesse und das Sich-Interessieren. Dadurch wird eine unheilvolle Spirale in Gang gesetzt, es geht dann nur noch um Neugier und um das Verfolgen handfester Interessen, und der Prozeß des Sich-Interessierens, bei dem Menschen sich spüren und zugleich die Welt verändern können, tritt in den Hintergrund. Das führt zu einem Gefühl des Sinnverlusts.

Die Neugier läßt uns die Menschen und die Welt erkunden, sie führt uns zum Neuen und zur Entwicklung, sie kann aber auch ein Gefühl sein, das uns von uns selbst entfernt, uns dann leer zurückläßt.

Um das Doppelte an der Neugier auszudrücken, wird eine Unterscheidung getroffen: Neugier als situationsspezifischer psychischer Zustand und Neugier als Eigenschaft. Als situationsspezifischer Zustand springt die Neugier auf etwas an, das den Menschen aktuell begegnet: ein neues Theaterstück, ein neuer Sport, eine neue Theorie. Neugier als Eigenschaft meint, daß wir es mit einem Menschen zu tun haben, der grundsätzlich und immer neugierig ist. Neugier soll dann die Gefühle der Vitalität und des Kreativ-sein-Könnens bringen, die wir von einem Prozeß des Sich-Interessierens erwarten können.

Neugier als Abwehr von Langeweile

Neugierfördernd ist nicht nur die Beschleunigung, neugierfördernd ist auch unser Organismus. Das Gehirn des Menschen hat das Bedürfnis, stimuliert und erregt zu werden. Unser Gehirn schläft nie, ist auch im Schlaf aktiv, was sich unter anderem im Träumen ausdrückt. Das Gehirn ist immer in neuroelektrischen Erregungszuständen, dies ist sozusagen die Sprache des Gehirns. Menschliche Organismen brauchen ein Minimum an Ruhe, aber auch ein Minimum an Erregung und Stimulation, um sich wohlzufühlen. Wir suchen von Natur aus, aufgrund unseres Organismus, stimulierende Reize. Finden wir sie nicht außen, dann produzieren wir sie in uns. Leben muß spannend sein, es muß etwas »laufen«, eine gewisse Aufregung ist einfach nötig, sonst muß man sie suchen. Neugier ist nun eine ausgezeichnete Form der Reizsuche. Die Welt ist voll von stimulierenden Reizen. Für jeden Menschen gibt es ein angenehmes, als lustvoll erlebtes Erregungsniveau. Man kann auch zu erregt oder zu wenig erregt sein. Es ist aber so, daß wir uns an diese stimulierenden Reize gewöhnen. Alles, was neu, aufregend und wenn möglich ein wenig gefährlich ist, wird mit der Zeit normal, und dann brauchen wir andere, neue, stärkere Reize. Auch die Reize als solche sind natürlich unterschiedlich.

Erich Fromm[70] unterscheidet in diesem Zusammenhang Reize, auf die man bloß reagiert, die man auch konsumiert, von Reizen, die den Menschen stimulieren. Reize, auf die man nur reagiert, bringen wenig Aktivität. Man hört eine Musik und hört gar nicht richtig hin, auf der Suche nach einer »besseren« Musik. Über eine Gefahr denkt man nicht nach, man weicht aus. Man schaut ein Bild flüchtig an, findet es ganz nett und geht unberührt weiter.

Reize, die stimulieren, lassen den Menschen aktiv werden; es sind Reize, die ein Interesse stimulieren. Ein Bild kann einen so sehr anregen, daß man auch noch am anderen Tag daran denkt, es sich in der Vorstellung vergegenwärtigt oder es in einem Kunstband sucht. Fromm bringt als Beispiel für stimulierende Reize das Interesse an einem Menschen, das Interesse an einem Gedicht, das Interesse an einem Problem,[71] und diese Form von Stimulierung bewirkt, daß wir keine schnelle Antwort geben können, sondern daß wir aktiv eigene Fähigkeiten zum Ausdruck bringen. Wir werden produktiv, wir streben nach einem Ziel, werden wacher, aufmerksamer.

Fromm unterteilt Reize also in solche, die nach dem Reiz-Reaktionsmuster ablaufen, und andere, die die Identität ansprechen, also Reize, die unser Interesse nachhaltiger stimulieren. Einfache Reize, so Fromm, haben bei Wiederholung keine stimulierende Wirkung mehr. Der Reiz muß also in seiner Intensität immer stärker werden, oder der Inhalt muß sich ändern, soll ein bestimmtes Erregungsniveau erhalten bleiben.

Dieses Phänomen kann man an Alltagserfahrungen überprüfen: Eine Sportart kann am Anfang sehr aufregend sein, gefährlich, eine ungeheure Herausforderung. Menschen lernen schnell; was gefährlich schien, ist es allmählich nicht mehr, also muß man das Gefahrenpotential erhöhen, um die Erregung von früher zu erfahren. Aber auch an Filme, die man vielleicht einige Jahre zuvor als zu »gewalttätig« abgelehnt hat, hat man sich gewöhnt, man regt sich nicht mehr auf. Um uns wirklich zu erschrecken, greifen z. B. Filmregisseure zu immer drastischeren Mitteln.

Bei den aktivierenden Reizen, bei den Reizen, die die Menschen stimulieren, meint Fromm, gebe es diese Gewöhnung nicht. Ich meine, sie stellt sich sehr viel seltener ein. Fromm idealisiert die aktivierenden stimulierenden Reize stark, und die anderen Reize entwertet er. Es ist aber sicher richtig, daß eine Gewöhnung durch aktivierende Reize seltener eintritt, denn diese stimulieren viel eher einen Wirkkreis des Interesses als einfache Reize. Diese Wechselwirkung – was uns interessiert, belebt auch unsere Innenwelt, und indem wir uns für etwas wirklich interessieren, verstärken wir auch unsere Lebendigkeit, die ebenfalls das Erregungsniveau hebt – tritt bei den einfachen Reizen nicht ein.

Aktivierende Reize haben nach Fromm, wiederum leicht idealisierend, auch keinen Sättigungspunkt außer der Müdigkeit. Als Beispiel fügt er an: Man könne immer wieder Goethe lesen. Trotz aller Bewunderung für Goethe meine ich, man könnte eines Tages auch genug davon haben. Die Tendenz aber ist richtig: Aktivierende, stimulierende Reize stimulieren unser Interesse und verlangen deshalb auch nicht ständig nach deren Intensivierung oder nach neuartigen Reizen.

Fromm stellte in den fünfziger Jahren folgende Zeitdiagnose: In der Industriegesellschaft fehlten die stimulierenden Reize, es gehe einfach um Gier, um Sadismus, um Destruktivität, um sexuelles Begehren. Transportiert werde diese Idealisierung der banalen Reize über Fernsehen und Film. Das hat sich heute wohl kaum gebessert.

Fromm betrachtet aber nicht nur die Anregungen von seiten der Gesellschaft, sondern berücksichtigt auch die Innenwelt des einzelnen. Bei manchen Menschen, so Fromm,[72] übt das schönste Gedicht, der reizvollste Mensch keine Wirkung aus. Diese aktivierenden, stimulierenden Reize können auch versagen, wenn das Individuum durch »seine eigene Angst, durch seine Hemmungen, Faulheit und Passivität zu einer aktiven Reaktion nicht fähig ist«. Angst und Hemmungen, die auch Abkömmlinge der Angst sind, erschweren oder verhindern das lebendige Interesse. Spricht er von Faulheit und Passivität, klingt das eher nach Schelte denn als Suche nach psychologischen Gründen. Möglicherweise schwingt ein Überlegung Kants mit, der eine »natürliche Neigung zur Gemächlichkeit« als eine Ursache der Langeweile bezeichnet.[73]

Umgekehrt sagt Fromm, daß ein innerlich ganz lebendiger Mensch nicht unbedingt einen Außenreiz brauche, er schaffe sich seine Reize selber. Als Beispiel führt er die Kinder an, die eigentlich aus nichts etwas Reizvolles machen und z. B. ein Spiel erfinden. Auch vertritt er die These: Je besser entwickeltes Innenleben, je mehr zugelassenes Innenleben, je mehr Erlaubnis zur Phantasie, desto interessierter und um so interessanter ist der Mensch.

Der Gegenpol zur Langeweile wäre also die Phantasie. Und das kann man auch wissenschaftlich nachweisen: Werden Menschen sensorisch depriviert, nimmt man ihnen so viele Sinneseindrücke wie möglich weg, dann beginnen sie zu phantasieren; sie stellen sich ganz bewußt etwas vor, das sie in Erinnerung haben, oder sie haben auch Halluzinationen. Sobald wir uns in unserer Wahrnehmung von der Außenwelt abschotten, dann kommt die Sprache der Innenwelt zum Zug. Um einen guten Erregungsspiegel zu gewährleisten, könnte man auch eine Wendung nach innen vollziehen und die Welt der Vorstellungskraft aufwerten.

Die Langeweile

Kierkegaard schreibt in seinem Essay *Die Wechselwirtschaft*:[74]

> »Ich ... gehe aus von dem Grundsatz, daß alle Menschen langweilig sind. ... Was Wunder, daß es rückwärts geht mit dieser Welt und das Böse immer mehr um sich greift, da die Langeweile immer mehr überhand nimmt und die Langeweile die Wurzel alles Übels ist. Das kann man vom Beginn der Welt an verfolgen: Die Götter langweilten sich, darum schufen sie die Menschen. Adam langweilte sich, weil er allein war, darum wurde Eva erschaffen. Von diesem Augenblick an kam die Langeweile in die Welt und nahm zu im genauen Verhältnis zur Menge der Menschen. Adam langweilte sich allein, dann langweilten sich Adam und Eva zu zweien, dann langweilten sich Adam und Eva und Kain und Abel en famille, dann wuchs die Menge der Menschen auf Erden, und sie langweilten sich en masse. Um sich zu unterhalten, kamen sie auf den Gedanken, einen Turm zu bauen, so hoch, daß er bis in den Himmel rage. Dieser Gedanke ist ebenso langweilig wie der Turm hoch war, und beweist mit erschreckender Deutlichkeit, daß die Langeweile die Oberhand bekommen hatte.«

Will man Böses über die Langeweile hören und über langweilige Menschen, bei Kierkegaard kann man es finden. Allerdings kann man auch seine Geschichte anders deuten: Wenn am Anfang Langeweile war und die Götter aus Langeweile sich Menschen geschaffen haben, dann heißt das eigentlich: Aus der Langeweile kann eine Schöpfung werden. Das ist ein ganz wichtiger Gesichtspunkt für den Umgang mit der Langeweile. Aus dem Nichts, das auch mit Langeweile umschrieben werden kann, wird Schöpfung. Natürlich bleibt auch immer das Nichts.

Blaise Pascal stellt bei seiner Beschreibung der Langeweile die Befindlichkeit des sich Langweilenden in den Mittelpunkt und spricht auch über Gründe. In *Pensées* 131, Langeweile,[75] sagt er:

> »Nichts ist dem Menschen unerträglicher als völlige Untätigkeit, als ohne Leidenschaften, ohne Geschäfte, ohne Zerstreuungen, ohne Aufgabe zu sein. Dann spürt er seine Nichtigkeit, seine Verlassenheit, sein Ungenügen, seine Abhängigkeit, seine Unmacht, seine Leere. Alsogleich wird dem Grunde seiner Seele die Langeweile entsteigen und die Düsternis, die Trauer, der Kummer, der Verdruß, die Verzweiflung.«

Pascal geht davon aus, daß untätig oder ohne Leidenschaft zu sein – und das ist wichtig, denn Leidenschaft und Langeweile sind Antagonisten in einem gewissen Sinn – auf das Selbstwertgefühl einwirken: Man spürt die Nichtigkeit, spürt, daß man leicht vernichtet werden könnte. Man fühlt sich aber auch verlassen, ein überraschender, interessanter Gesichtspunkt, wahrscheinlich verstanden als die Erfahrung, daß man, dominiert vom Gefühl der Langeweile, sich nicht mehr in das Leben und in Beziehungen eingebunden fühlt. Im folgenden beschreibt Pascal Kriterien des schlechten Selbstwertgefühls, das sich aus der Langeweile ergibt: Man fühlt sich ungenügend, abhängig, ohnmächtig, leer. Aus diesen Erfahrungen entsteht die Verzweiflung, die mit der Langeweile gekoppelt ist, und er stellt die Langeweile auch in einen Kontext von anderen Emotionen: Düsternis, Trauer, Kummer, Verdruß, eigentlich mit der Melancholie.

Wenn wir diese Gedanken von Blaise Pascal ernst nehmen, dann verstehen wir, warum wir die Langeweile abwehren. Es ist ein bedrohlich unangenehmes Gefühl; unser Selbstwert ist bedroht. Man fühlt sich einsam, leblos, bedeutungslos, und das Leben wird als sinnlos bewertet. Man ist zwar auf sich selbst zurückgeworfen in der Langeweile, und auf sich zurückgeworfen sein ermöglicht eine Selbstbegegnung, aber die Voraussetzungen dafür sind nicht besonders gut: Man fühlt sich vernichtet, konfrontiert mit dem Nichts. Gelegentlich wird die Langeweile von Menschen mit einem langsamen Sterben verglichen.

Aber nicht nur Trauer und Kummer sind damit verbunden, sondern auch der Verdruß, der Lebensüberdruß, der Ekel am Leben.

Das psychologische Wörterbuch definiert Langeweile als einen »Zustand der Unausgefülltheit und Erlebnisarmut, gekennzeichnet durch Mangelgefühle der Leere und zugleich Gefühle des Überdrusses im verlangsamt erscheinenden Zeitfluß ...[76]«, das psychiatrische Wörterbuch als »unangenehmes Gefühl, aufgrund des Bedürfnisses nach mehr Aktivität oder aufgrund des Mangels an Reizen oder als Folge der Unfähigkeit, stimuliert zu werden«.[77]

Kant spricht von der »langen Weile« als einem »höchst widrigen Gefühl«.[78] Das trifft die Sache wohl noch etwas besser. Die Langeweile ist ein gefürchtetes Gefühl, und deshalb beschließen die meisten Menschen, daß sie sich nicht langweilen, daß sie die Langeweile nicht kennen.

Man unterscheidet eine relativ banale Langeweile von einer existentiellen Langeweile. Die banale Langeweile ist die alltägliche Langeweile, man langweilt sich halt einmal vorübergehend, die existentielle Langeweile führt zu einem tiefen Lebensüberdruß, einem Ekel vor dem Leben.

Die banale Langeweile

Wenn wir uns langweilen, dann erscheint uns das Leben als öde und leer. Das Gefühl der Leere gehört zur Langeweile, aber auch das Gefühl der Lustlosigkeit, der Leblosigkeit. Man ist ohne Antrieb und dennoch unruhig, denn man meint, es müßte unbedingt etwas geschehen. Wäre man nicht der Ansicht, daß etwas

Belebendes geschehen müßte, man könnte sich der Langeweile überlassen, und dann entstünde etwas.

Sagen wir: Ich langweile mich, dann ist das eigentlich eine Kommunikation von mir zu mir. Das würde eigentlich heißen: Du »Ich-Du«, du langweilst mich, laß dir etwas einfallen. Diese Aussage wird aber nur selten verstanden als eine Botschaft von mir an mich, sondern darin verbirgt sich ein Vorwurf an die Welt. Die Welt ist zu wenig reizvoll, da ist nichts, was uns anspricht, nichts regt an, nichts ist von Bedeutung. Es ist schwierig für uns, Langeweile als ein persönliches Problem und eine persönliche Verantwortung zu sehen, wir sehen sie eher im Zusammenhang mit der unattraktiven Welt, die uns keine guten Reize zur Verfügung stellt. Im Alltag sagen wir von einem Menschen, der sich langweilt, er wisse nichts mit der Welt anzufangen, aber eigentlich wissen wir in dieser Situation auch mit uns nichts anzufangen; die Verbindung zwischen uns und der Welt ist gestört.

Die wenigsten Menschen sagen übrigens von sich, sie seien langweilig.

Die Welt ist zu langweilig, und die Welt, das kann dann auch der Partner oder die Partnerin sein. Die »bringen zu wenig«, und man meint, daß sie zu wenig Anregung, vielleicht auch zu wenig Aufregung in die Beziehung bringen; Aufregung ist auch eine Form von Erregung.

Nennen wir einen anderen Menschen langweilig, dann meinen wir damit, daß dieser Mensch zu wenig in das zwischenmenschliche Geschehen einbringt, vielleicht auch, daß er unlebendig ist. Aber eigentlich möchten wir etwas anderes von diesem Menschen, als er bereit oder in der Lage ist zu geben. Andererseits wissen wir natürlich auch: Wer sich selbst nur für wenig interessieren kann, findet die meisten anderen Menschen auch nicht interessant, also eher langweilig. Wenn jemand einen anderen Menschen langweilig nennt, dann ist das meistens eine Beziehungsaussage: Der oder die hat nicht die Reize oder stellt nicht die Reize bereit, die ich jetzt eigentlich bräuchte oder die ich mir erhofft habe; mit diesem Menschen ist das Leben nicht ereignisreich. Fromm unterscheidet Menschen, für die Reize grundsätzlich aktivierende Reize sind, die Reize suchen, die eine produktive Reaktion bringen – was ich mit Sich-Interessieren übersetzen würde – und sich nicht langweilen, von Menschen, die ständig neue seichte Reize suchen, immer auf der Suche nach etwas Aufregendem sind, die eigentlich chronisch gelangweilt sind, es aber nicht wahrnehmen, weil sie gut kompensiert sind; solange sie eben immer wieder neue Reize finden, meinen sie, bei ihnen sei wahnsinnig viel los. Diese Form der Abwehr der Langeweile hält Fromm für normal, meint aber, diese Menschen litten an einer »unzureichenden inneren Produktivität«.[79] So gingen die meisten Menschen mit Langeweile um, und die Vergnügungsindustrie lebe davon. Wir wissen: Die Vergnügungsindustrie lebt sehr gut davon.

Er nennt dann noch Menschen, die durch einen normalen Reiz nicht erregt werden können, und das wären dann die chronisch Depressiven. Bei ihnen wird die Langeweile nicht abgewehrt.

Fromm sieht die Langeweile als etwas rein Negatives und möchte sie deshalb eliminieren. Er sieht sie als nur gefährlich, als Ursache für Destruktivität.[80] Die Langeweile ist für ihn ein bedeutendes gesellschaftliches Phänomen: Je mehr wir diese seichten Reize konsumieren, desto mehr von diesen seichten Reizen muß es geben. Entweder lernen die Menschen, angesichts der Langeweile eine produktive Reaktion zu bringen, oder sie werden destruktiv oder chronisch depressiv.

Destruktivität aus Langeweile ist auch heute ein erschreckendes Thema. Da töteten kürzlich zwei Jugendliche einen Mann und gaben als Motiv an, daß ihnen langweilig gewesen sei!

In seiner Forderung, die Langeweile zu vermeiden, steht Fromm in einem eklatanten Widerspruch zu Nietzsche, der schreibt:

> »Man erntet als Lohn für vielen Überdruß, Mißmut, Langeweile, jene Viertelstunden tiefster Einkehr in sich und die

Natur. Wer sich völlig gegen die Langeweile verschanzt, verschanzt sich auch gegen sich selbst. Den kräftigsten Labetrunk aus dem eigenen innersten Born wird er nie zu trinken bekommen.«[81]

Nietzsche ist kein Tiefenpsychologe, hat aber sehr viel vorweggenommen, was später in dieser ausgearbeitet worden ist. Diese eben zitierten Gedanken sind sehr bedeutsam für den Umgang mit der Langeweile, aber auch für die Einschätzung der Langeweile.

So wie Nietzsche die Langeweile sieht, geht es nicht mehr einfach darum, daß wir uns langweilen, weil wir in einer gewissen Zeiteinheit wenig Information mit wenig Erlebnisgehalt bekommen, und durch aktive Reizsuche oder Suche nach stimulierenden Reizen Abhilfe schaffen könnten, es geht nicht um die Langeweile als einem defizienten Zustand, sondern es geht um den großen Gewinn, der in der Langeweile verborgen ist, wenn wir uns der Langeweile stellen. In der Langeweile trifft man sich selbst, findet einen »Labetrunk aus dem eigenen innersten Born«. Die Langeweile verschafft nach Nietzsche einen Kontakt mit einer inneren Quelle, die große Belebung verheißt.

Quellen der Langeweile

Wir langweilen uns, wenn zu wenig Stimulation gegeben ist, und Stimulation heißt nicht nur Stimulation von außen, sondern auch Stimulation von innen. Wenn »nichts geschieht«, wenn uns in einer gewissen Zeiteinheit zu wenig Information mit Erlebnisgehalt erreicht.

Aber auch zuviel Stimulation kann zu Langeweile führen. Werden Kinder in einen Raum gebracht, wo es viele Spielsachen gibt, gehen viele von einem Spielzeug zum anderen und werden dabei immer mißmutiger und verdrießlicher, weil sie nicht wissen, worauf sie sich einlassen sollen. Jede Entscheidung für ein Spielzeug ist eine Entscheidung gegen viele andere Spielsachen, und gerade unter denen, die man nicht gewählt hat, könnte das Allertollste sein. Diese Kindersituation kann leicht auf unsere Welt übertragen werden: Auch sie ist voller Anregungen! Auch hier stellt sich die Frage: Nehmen wir überhaupt wahr, daß wir uns eigentlich langweilen? Oder haben wir den Eindruck, daß wir einfach einen schlechten Tag haben?

Erlebnisarmut läßt uns Langweile erfahren. Sie rührt daher, daß wir uns zu weit von unseren Emotionen, aber auch vom sinnenhaften Erleben, vom bewußten Erleben unserer Sinneswahrnehmungen entfernt haben. Auch hier spielt das Sich-Unterwerfen unter den Zeitdruck eine Rolle; um Emotionen zu kultivieren, um Sinneswahrnehmungen wirklich ernst zu nehmen, braucht man Zeit.

Vielleicht sagen wir uns aber auch, daß alles, was uns aus der Welt entgegenkommt, im Moment nicht richtig für uns ist. Das kann durchaus stimmen: Wir brauchen dann eine Anregung aus der Innenwelt, die sich einstellen kann, wenn wir uns auf uns selbst und unsere jeweilige Langeweile konzentrieren.

Auch in Beziehungen bricht plötzlich Langeweile ein. Man kann sich mit durchaus interessanten Menschen plötzlich in einer Situation befinden, in der man sich unendlich langweilt, in der man sich gegenseitig anödet. Das bedeutet aber, daß sich die Art der Beziehung verändern muß. Auch hier stellt sich die Frage: Was will die Langeweile von uns?

Es gibt Phasen im Leben, in denen man sich fast zwangsläufig langweilt, dann nämlich, wenn wichtige Themen zum Abschluß gekommen sind und etwas Neues noch nicht in Sicht ist; wenn eine Arbeit, an der man mit großem Interesse gearbeitet hat, zu einem Ende kommt, aber auch etwa an Lebensübergängen. Oft diagnostiziert man einen Lebensübergang bei sich, wenn man feststellt, daß vieles, was einen zuvor ausgefüllt hat, was einem Freude gemacht hat, immer weniger reizvoll erscheint. Kinder langweilen sich, wenn ein Spiel zu Ende gegangen ist.

Viele Menschen geben an, sich zu langweilen, wenn sie sich in einer Situation befinden, der sie nicht entfliehen können (es ist ihre Pflicht, anwesend zu sein), die sie auch nicht nach ihrem Geschmack verändern können. Die Situation hat einen geringen Erlebnisgehalt und kontrastiert mit einem dringenden eigenen Wunsch, zum Beispiel ein angelesenes Buch fertig zu lesen, auf die Berge zu steigen, eine wichtige Arbeit fertigzustellen usw. Ein Konflikt zwischen den eigenen Wünschen, dem eigenen Wollen und den Pflichten oder den Zwängen von außen kann eine Situation der Langeweile heraufbeschwören. Das Problem dabei ist, daß uns die Pflichten und die Zwänge als viel bewußter und als viel verpflichtender erscheinen als unsere eigenen Wünsche und unsere eigenen Interessen.

Das hängt einerseits mit der Erziehung zusammen: Viele Menschen sind noch mit dem Leitspruch groß geworden, daß die Pflicht vorgeht. Geht aber immer die Pflicht vor, wo bleiben wir dann mit der Kür? Diese von vielen geschilderte Form der Langeweile zeigt deutlich auf, was man selbst machen möchte.

Langeweile also, weil man etwas muß, das man nicht will.

Langeweile erleben wir in Veränderungssituationen, in Wandlungssituationen, und natürlich auch das Bedürfnis nach Zerstreuung, um die Langeweile abzuwehren. Dabei eröffnet sich gerade hier der Sinn der Langeweile: um herauszufinden, wie das Leben jetzt weitergehen soll, und soll das wirklich aus uns selbst kommen, müßte man sich auf die Langeweile konzentrieren. Wenn wir uns wirklich auf die Langeweile konzentrieren, geben wir nicht mehr allen Neugierimpulsen nach, suchen wir nicht verzweifelt irgend etwas Anregendes, kann unsere Innenwelt sich äußern. Phantasien werden auftreten, wahrscheinlich auch zunächst Befürchtungsphantasien; man wird mit der Angst umgehen müssen, und dann sind auch kreative Phantasien und Träume zu erleben. Die Reflexion über diese Phantasien und Träume zeigt, wohin das Leben sich bewegt. Es ist aber nicht nur die Frage, was denn die neuen Ziele sind, wohin unsere neuen Interessen gehen können, es ist auch eine bereichernde Erfahrung, zu spüren, wie aus der Langeweile, aus diesem Gefühl der Öde heraus neue Lebensimpulse, Lebendigkeit erfahrbar wird und man zudem erkennt, daß es hier wirklich um das eigene Leben geht.

In diesen Zusammenhängen hat die Langeweile den Sinn, eine neue Anpassung an sich selbst und auch eine neue Anpassung an die Welt zu schaffen – verbunden mit der Frage nach einer neuen Vision für das eigene Leben.

Langeweile regelt also ganz grundsätzlich die Beziehung zu sich selbst, die immer wieder nötig werdende Anpassung an sich selbst, und auch die Anpassung an die anderen. Das wird möglich, indem man sich den unterdrückten Teilen der Persönlichkeit zuwendet, und die zeigen sich unter anderem in den Komplexen. Unsere Komplexe steuern unsere Interessen, und darum geht es bei der Langeweile, daß wir uns den aktuell verdrängten Komplexen zuwenden und den damit verbundenen Phantasien und Träumen.

Eine Schwierigkeit im Zusammenhang mit dem Bewußtwerden von Komplexen ist, wie bereits besprochen, die damit verbundene Angst. Wenn wir zu viel Angst haben vor dem, was wir unterdrücken, was wir verdrängen, sowohl an Erinnerungen als auch an neuen Lebensmöglichkeiten, werden wir uns blockieren, und aus einer existentiell vorübergehenden Langeweile kann dann mit der Zeit eine chronische existentielle Langeweile werden.

Aber auch wenn wir den Ärger verdrängen, der mit unterdrückten Anteilen verbunden ist, werden wir immer leerer, immer langweiliger, immer phantasieloser.

Auch die Müdigkeit erschwert den Kontakt zu diesen unterdrückten Anteilen. Ermüdung bewirkt, daß wir uns leichter langweilen; im Zusammenhang mit verdrängtem Material bewirkt sie, daß wir dieses entweder überhaupt nicht aufnehmen können oder daß dieses verdrängte Material uns so überwältigt, daß wir in Angst und Panik verfallen.

Das Hauptproblem besteht darin, daß wir es nicht gewohnt

sind, auf unsere Innenwelt zu rekurrieren. Langweilen wir uns, dann erwarten wir, daß uns etwas packt, daß etwas geschieht, uns erregt, lebendig macht. Und wir warten darauf, daß andere es tun, daß es »die Welt«, wer immer das auch ist, tut. Warten wir aber nur darauf, dann sind wir in unserer Langeweile auch noch abhängig von anderen. Das ist die Form der Abhängigkeit, von der auch Blaise Pascal spricht. Wir sind nicht fähig, die Situation zu verändern, und das gibt uns ein Gefühl der Hilflosigkeit.

Je hilfloser wir werden in unserer Langeweile, desto ungeduldiger werden wir warten, und das Warten gibt uns zusätzlich ein Gefühl der langen Weile. Je länger wir warten, desto größer werden die Erwartungen an die Welt. Was wir erwarten, ist etwas ganz Entscheidendes, das die Endlichkeit des Menschen weit übersteigt. Wir erwarten etwas Grundsätzliches, das das eigene Leben von Grund auf verändert und es lebendiger, sinnvoller macht.

So große Erwartungen werden meistens nicht erfüllt in dieser Welt, und das verdrießt und frustriert: Es kommt kein neues Leben aus dieser Langeweile, solange wir das neue Leben nicht in uns finden können. Kommt aber kein neues Leben aus der Langeweile, dann entsteht eine chronische existentielle Langeweile. Die chronische existentielle Langeweile resultiert zu einem großen Teil daraus, daß wir den Appell der Langeweile an uns nicht aufnehmen können oder auch nicht aufnehmen wollen.

Die existentielle Langeweile

Schwieriger ist der Umgang mit der existentiellen, chronischen Langeweile, die man mit chronischer Depression und mit Melancholie in Verbindung bringt. In der Melancholie dominiert nach Hippokrates die schwarze Galle, und der vorherrschende Gemütszustand ist Trübsinn, unerklärliche Traurigkeit, Langeweile, Passivität.

Bei der existentiellen Langeweile wird diese als eine Leere erlebt, die unendlich quält, eine Leere, von der man den Eindruck hat, sie überhaupt nie füllen zu können; daraus entsteht Lebensüberdruß, Resignation. Bei dieser existentiellen Form der Langeweile dauert die Langeweile nicht ein paar Stunden, ein paar Tage oder über ein paar Wochen, es ist ein durchgängiges Lebensgefühl. Dieses Lebensgefühl wird gelegentlich charakterisiert durch das französische Wort »ennui«, und darin ist die tiefe Überzeugung verborgen, daß nie etwas Gutes aus diesem Leben werden kann, soviel man sich auch bemüht.

Es ist aber festzustellen, daß den Menschen, die sich chronisch langweilen, überhaupt nicht bewußt ist, was sie selbst wollen und sich wünschen. Sie haben keine Wünsche mehr ans Leben – denn die zu haben wäre sowieso sinnlos, aber vielleicht hatten sie auch nie Wünsche an das Leben. Sie leben mit einem riesigen Überhang an Pflichten, die sie dann allerdings auch nicht mehr erfüllen können. Und das ist etwas vom Quälendsten an dieser existentiellen Langeweile: Der depressiv strukturierte Mensch versucht in der Regel, das zu tun, was die anderen Menschen von ihm wollen, und hofft dann, daß er die Liebe bekommt, die er braucht, die Versicherung seiner Daseinsberechtigung. Er gibt viel von seinen eigenen Wünschen und Absichten auf, um sich den Wünschen seiner Beziehungspersonen anzupassen. Menschen müssen sich aber immer auch an die eigene Innenwelt anpassen, sich selbst sein und sich mit den Mitmenschen auseinandersetzen, mit den anderen Menschen kooperieren und sich auch anpassen. Sie sind, in ihrem Antrieb blockiert, können sie, was sie meinen tun zu müssen, auch nicht leisten. Was bleibt, ist ein quälender Druck.

Oft leiden sie dann darunter, daß die Zeit ihnen zwar unendlich lang wird, sie ihnen aber doch zwischen den Fingern zerrinnt.

Es ist auch offensichtlich, daß Dichter, Denker, Künstler die Langeweile kennen und sich auch mit ihr auseinandersetzen. Sie gehört zum kreativen Prozeß, wie das etwa Nietzsche, wie wir gesehen haben, ausdrückt. Hält man diese Form der Melancholie aus, die auch mit »illusionsloser Klarsicht«[82] verbunden sein soll, kann sie Quelle einer großen Produktivität sein. So läßt etwa Montaigne seine Essays aus dem »humeur mélancholique« hervorgehen.[83]

Monotonie und Wiederholung

Wiederholen sich identische Reize, kann das etwas eintönig werden, monoton; man langweilt sich. Man wird müde, verliert die Spannkraft, tut zwar nichts, ist aber so müde, als hätte man schwer gearbeitet. Nun kann die Monotonie, oder die schier endlose Wiederkehr des gleichen, sehr verschieden erlebt werden. Menschen können die Monotonie suchen, etwa in der Meditation oder in einem Trommelrhythmus, der sich nicht verändert. Im Erleben dieser Monotonie finden sie zu sich selbst, kommen in Kontakt mit der Innenwelt oder haben eine Erfahrung von Ganzheit, in der sie auch mit dem Kosmos sich verbunden fühlen.

Man kann sich aber auch ärgern über die ewige Wiederkehr des Gleichen und darunter leiden. In diesen Situationen beklagen sich Menschen darüber, es gehe ihnen wie Sisyphos. Dieser hatte die Götter immer wieder überlistet – er war ein äußerst kreativer, erfindungsreicher Mensch – und wurde von den Göttern für seinen »Übermut« bestraft: Er mußte einen Steinblock einen Berg hinaufstemmen, und kurz bevor er oben angekommen war, entglitt ihm der Stein und rollte wieder ins Tal. Und Sisyphos stemmte seinen Stein wieder hoch ...[84]

Diesen Mythos kann man auf unterschiedliche Weise deuten: Man kann sich ärgern darüber, daß dieser Stein ständig wieder ins Feld hinunterrollt und wieder vergeblich hochgestemmt werden muß, oder man kann sich natürlich sagen: Wenigstens erlebt Sisyphos keine noch böseren Überraschungen; die Situation ist transparent.

Übertragen auf Alltagssituationen: Wenn immer das gleiche eintrifft, dann weiß man doch wenigstens, was geschehen wird, im immer Gleichen kann man auch aufgehoben sein. Es gibt Menschen, die es genießen zu wissen, daß die Dinge immer wieder in etwa gleich ablaufen, und es gibt andere Menschen, die sich dagegen unendlich auflehnen. Sie wollen etwas Neues, etwas anderes, Veränderung.

Mit der endlosen Wiederkehr ist das Problem verbunden, daß alles schon bekannt ist, man kennt sich aus, es herrscht Routine, es steht auch nichts Neues mehr an; im schlimmsten Fall ist bereits alles gewußt, gedacht. Und es wiederholt sich ja in der Tat sehr vieles im Leben, in der Gesellschaft, in der Natur – nur wir sind selber jeweils nicht mehr dieselben, wir beurteilen einen politischen Vorgang, auch wenn er sich schon so oft wiederholt hat, plötzlich anders als in den Jahren zuvor. Mit den alltäglichen Wiederholungen können wir umgehen, wir werden sie genießen als Routine und es auch vermissen, wenn eine Wiederholung doch keine ist. Wir sehen die Wiederholung als etwas, das uns Kontinuität erleben läßt, wir erfassen möglicherweise auch die kleinen Varianten in der Wiederholung. Wiederholung ist eine Qualität der verstrichenen Zeit im Leben: Je älter man wird, desto mehr Wiederholung ist auch im Leben. Daran merkt man, daß das Leben eines Menschen unter der Herrschaft der Zeit steht. Und dennoch: innerhalb dieser Wiederholungen kann man herausfinden, was trotzdem anders sein kann, wenn man das will.

Ob Wiederholung als Bedrohung oder als etwas Beruhigendes verstanden wird, hängt davon ab, ob wir diese Wiederholung akzeptieren können oder ob wir sie abwehren müssen.

Es waren vor allem Kierkegaard und Heidegger, die sich mit dem Thema Wiederholung beschäftigt haben. Für Kierkegaard und Heidegger trägt Wiederholung maßgeblich zum Gelingen des menschlichen Lebens bei.[85] Das heißt aber, daß Wiederholung nicht einfach die Wiederkehr desselben ist, sondern daß Wiederholung im Dienste der Veränderung steht. In der Wiederholung wird die Vergangenheit wieder geholt und in die für die Zukunft offene Gegenwart hineingetragen. Wiederholung als

Lebenserinnerung etwa: Menschen gehen immer wieder zu ihren Quellen zurück, reden von der Kindheit, von den Ursprüngen des Menschseins, vom eigenen Gewordensein – und versichern sich so der Kontinuität des Lebens als einem wichtigen Aspekt der Identität. Das ist aber nicht die enervierende Wiederholung.

Die enervierende Wiederholung geschieht dort, wo wir immer wieder von gleichen Bildern des Versagens heimgesucht werden, wo wir immer wieder dysfunktionales Verhalten wiederholen, wo wir immer wieder Lebensumstände reproduzieren, die mit großem Leid verbunden sind, wo alte Erfahrungen, komplexhafte Erfahrungen wiederholt werden, ohne daß wir uns die Schlüsselsituationen vergegenwärtigen. Dieses Phänomen läßt sich komplextheoretisch verstehen, aber auch neurobiologisch: »Die Strukturbildung auf neuronaler Ebene erfolgt erfahrungsabhängig, womit einhergeht, daß immer dann mit erhöhter Wahrscheinlichkeit abgewehrte Inhalte aktiviert werden, wenn im Gegenwartserleben Inhalte auftauchen, die mit den abgewehrten verwandt sind.«[86] Komplextheoretisch formuliert: Erinnert uns etwas vom Inhalt oder von der Emotion her an einen bestehenden Komplex, wird dieser aktiviert und bewirkt stereotypes Verhalten. Es ist aber auch jener Moment, in dem dieser Komplex in seiner Wirkung bewußt gemacht werden kann. Erinnern wir Komplexepisoden mit den damit verbundenen Emotionen und Bildern, können wir uns im Bereich dieses Lebensthemas verändern. Leisten wir das nicht, dann konstellieren sich diese Komplexe immer wieder neu und unverändert, und vergleichbares Ungemach geschieht immer wieder.

Blockierte Zukunft

Langweilen wir uns aber existentiell, dann erfahren wir das Leben als eine endlose Wiederkehr des gleichen – ohne Zukunft; die Zukunft ist die Wiederkunft des schon Gewesenen. Und wir haben dann auch keinen Wunsch aus der Gegenwart an die Zukunft.

Das Gefühl, keine Zukunft zu haben, ist eine schwerwiegende Beeinträchtigung der Lebensqualität. Normalerweise ist für uns die Zukunft offen, wir entwerfen uns auf die Zukunft hin, sogar Sterbende entwerfen sich noch auf eine Zukunft hin, und im alltäglichen Leben versuchen wir dann, diesen Entwurf einzulösen, meistens verändern wir ihn kontinuierlich. Mit diesem Sich-Entwerfen auf die Zukunft hin sind Erwartungen und Hoffnungen verbunden; wir freuen uns auf etwas, sind interessiert, beschwingt. Keine Zukunft mehr zu haben heißt, daß vor allem die gehobenen Emotionen, also Hoffnung, Freude, Inspiration, Erwartung, nicht mehr zugänglich sind. Anstelle dieser gehobenen Gefühle dominiert die Angst, es ist ein Zustand großer Bedrohung. Die Langeweile kann als depressiver Affekt verstanden werden, wobei die gehobenen Emotionen nicht mehr erlebbar sind. Diese Blockade der Zukunft bewirkt aber auch, daß die Vergangenheit unendlich machtvoll wird; die Vergangenheit greift auf die Zukunft über. Da sagen einem dann Menschen, die sich bemühen, mit ihren Problemen umgehen zu lernen, an einem gewissen Punkt: Es hat keinen Sinn. Ich weiß genau, daß keine der neuen Strategien zum Erfolg führen wird, meine Kinder werden wiederum mit genau den gleichen Problemen zu kämpfen haben, es wird alles so weitergehen wie bisher, ich werde bloß älter, und alles wird noch schwieriger. Mit solchen Überzeugungen umzugehen ist mühsam wie eine Sisyphos-Arbeit, auch langweilig, sie sind nicht außer Kraft zu setzen. Denn das noch nicht Geschehene ist eigentlich das bereits schon Geschehene, der Mensch steht unter der Herrschaft der Vergangenheit. Die Vergangenheit kann nicht mehr losgelassen werden, weil sie den Platz der Zukunft eingenommen hat.

Wiederholung negativ gesehen, die Abwehr der Wiederholung, das ist es, was uns die Zukunft versperrt. Das ist dieses alltägliche Unangenehme: Ich weiß schon, wie es weitergeht, ich weiß genau, wie das sein wird. Ich weiß genau, wie das in zwei Generationen aussieht usw. Und das ist ja einerseits natürlich ungeheuer arrogant, aber auf der anderen Seite auch ganz armselig, weil man dem Leben, dem anderen Menschen, sich selbst überhaupt nichts mehr zutraut. Denn Zukunft als Zukunft, die offen ist, ist immer auch für eine Überraschung gut.

Ich habe vorhin gesagt: Dieses Leben unter dem Diktat der Zeit ist etwas sehr Typisches an der chronisch existentiellen Langeweile, dem Zustand, den wir dann Depression oder Melancholie nennen, wo es keine Zukunft mehr gibt. Infolgedessen gibt es auch kaum eine Gegenwart, es gibt nur eine Vergangenheit, die mit großer Heftigkeit über einen hereinbricht. Und das heißt dann, daß das Lebensgefühl von depressiven Menschen so ist, daß nichts mehr wichtig, nichts bedeutungsvoll ist, nichts fordert, belebt und erregt. Das ergibt dann diesen Dreiklang, den man immer wieder hört zur Beschreibung der Depression: Die Welt ist bedeutungslos, das Ich ist wertlos, und das Leben ist sinnlos. Aus diesem Erleben heraus kann man dann natürlich auch dieses Leben zerstören. Man kann sich selbst zerstören, aber man kann auch die Welt zerstören. Denn wenn alles bedeutungslos, wertlos und sinnlos ist, dann ist es auch egal, ob man etwas behält oder ob man es verliert.

Langeweile als gesellschaftliches Problem

Erich Fromm (zwischen 1940 und 1950) und Sam Keen[87] (um 1980) sahen übereinstimmend die Langeweile und die damit verbundene Depression nicht nur als individuelles, sondern auch als gesellschaftliches, politisches und metaphysisches Problem.

Als gesellschaftliches Problem insofern: Seit der Aufklärung leben wir in einer entzauberten, entsinnlichten Welt, in der alles immer funktionaler, kälter und intellektueller wird. Als politisches Problem: Viele Menschen haben den Eindruck, in nicht mehr überschaubaren autonomen Prozessen zu stehen, die sie nicht verstehen und zu denen sie nichts beizutragen haben. Die metaphysische Dimension: Die traditionelle Religion hat für viele keine Bedeutung mehr, und deshalb gibt es keinen vorgegebenen Sinn mehr.

Keen ist der Ansicht, implizit enthalte die Depression und die damit verbundene chronische Langeweile, die er, wie Fromm vierzig Jahre zuvor, in unserer Gesellschaft für sehr weit verbreitet hält, einige Urteile über unsere Welt und über unsere Gesellschaft: Nichts ist mehr wichtig. Menschen fühlen sich als Opfer von Kräften, von anderen Menschen, von autonomen Prozessen, über die sie keine Kontrolle haben. Es gibt keinen Sinn des Lebens, zumindest keinen vorgefertigten.

Man kann diese in der Depression impliziten Urteile über die Welt oder über die Gesellschaft auch als Entwicklungsnotwendigkeiten formulieren. Wenn nichts wichtig ist, dann sind die wirklichen Interessen verdrängt. Wo sind sie? Wenn nichts wichtig ist, heißt das auch, daß unsere Emotionen, die ja alles, was wir tun und denken, ständig bewerten, verdrängt sind. In einer entemotionalisierten Welt wird man lernen, die Emotionen wieder mehr zuzulassen. In dieser Hinsicht hat sich schon vieles geändert; nicht ohne Grund wird ein Buch über die emotionale Intelligenz[88] ein Weltbestseller. Wenn nichts wichtig ist, dann ist die Welt entsinnlicht. In einer entsinnlichten Welt wird man die Sinnenhaftigkeit, die Sinnlichkeit in einem sehr weiten Umkreis wieder stimulieren. In der Therapie von schwer depressiven Menschen lernen diese – und das ist der unspezifische Teil der Behandlung –, wieder zu riechen, etwas zu berühren, sich zu bewegen, etwas zu schmecken – mit den Sinnen die Welt wieder wahrzunehmen. Langweilen wir uns existentiell, dann haben wir nur noch wenig oder keine Verbindung zu den Sinnen; haben wir hingegen wache Sinne, dann langweilen wir uns nicht.

Betrachten wir den zweiten impliziten Vorwurf: Menschen fühlen sich als Opfer von Kräften, von anderen Menschen, von autonomen Prozessen, über die sie keine Kontrolle haben. Welcher Entwicklungsanreiz ist da angesprochen? Es ist ein Aufruf, sich von der Opferrolle[89] zu trennen und erwachsen am eigenen Leben und am Leben der Gesellschaft teilzunehmen. Es ist natürlich richtig, daß wir über vieles keine Kontrolle haben, doch da, wo wir Kontrolle ausüben können, wo wir mitmischen können, da sollten wir es tun und nicht Entscheidungen den Autoritäten überlassen, wenn wir selbst mitentscheiden können. Auch sollten wir nicht zulassen, daß Menschen aus ihrer sozialen Stellung heraus oder aufgrund ihres Geschlechtes über andere dominieren: Kooperation statt Anpassung, Gestalten, statt das Leben über sich ergehen lassen. Und das ist ein Aspekt von Selbstverwirklichung.

Wenn die Welt sinnlos ist oder wenn es keinen vorgefertigten Sinn unseres Lebens mehr gibt, dann muß die Frage nach dem Sinn dennoch gestellt werden. Mein Leben – hat es so, wie ich es im Moment lebe, einen Sinn? Gebe ich meinem Leben einen Sinn? Wenn es keinen offensichtlichen Sinn hat und ich ihm auch keinen Sinn zu geben vermag, dann stellt sich die Frage, was verändert werden müßte, damit es einen Sinn bekäme. Sinnsuche als kontinuierliche Suche ist eines der wichtigen menschlichen Themen. Vielleicht gibt es in der posttraditionalen Gesellschaft nicht Sinnlosigkeit, sondern zu viele Sinnoptionen, die uns zwingen, sich immer wieder neu für unsere Sinnperspektive zu entscheiden, mit der damit verbundenen Schwierigkeit, möglicherweise falsch gewählt zu haben. Die Gefahr, sich in eine Gruppierung zu fliehen, die wiederum einen festen Sinn »verkauft«, ist groß, damit ist aber auch die Freiheit geopfert.

Nimmt man diese impliziten Vorwürfe an die Gesellschaft, die in der depressiven Weltsicht enthalten sind, als Entwicklungsnotwendigkeiten, dann sind das – in verschiedenen Kontexten – immer wieder Aufforderungen, mehr zu sich selbst zu stehen, sich selbst ernst zu nehmen, sich nicht von Autoritäten vertreten zu lassen.

Nun könnte man sagen: Dieser Aufruf zum Selbstsein, das hatten wir doch schon einmal, das sind die Parolen der siebziger

Jahre. Wir hatten ihn auch schon früher: Das waren auch schon die Parolen von 1930, als Konzepte wie das der Individuation von C. G. Jung bekannt wurden. Es ist ein heute noch valables Konzept, bei dem es darum geht, im Laufe des Lebens zu dem Menschen zu werden, der man eigentlich ist.[90]

Den Aufruf zum Selbstsein der siebziger Jahre lehnen wir möglicherweise ab, weil Selbstsein teilweise mißverstanden wurde als Aufforderung zum Egoismus, als Aufforderung zur psychologischen Nabelschau, ohne Sinn für gesellschaftliche und politische Prozesse, mißverstanden als ein Rückzug in die Innerlichkeit. Wenn trotz alledem immer noch die Idee aufkommt, gegen diese chronische Langeweile, gegen diese endemisch gewordene Depression könne man das Selbstsein setzen, dann muß man sich fragen, was falsch gelaufen war in den siebziger Jahren bei diesem Ruf nach Selbstsein. Ich meine: Das Interesse für das Selbst in den siebziger Jahren ist in einer Opferpsychologie steckengeblieben. Im Ruf nach Selbstsein, gerade da, wo man unpolitisch wurde und sich vornehmlich mit sich selbst beschäftigt hat, sich nur noch als Opfer in vielen Kontexten gesehen hat, klingt Anspruch auf Verwöhntwerden an, das eigentlich den kleineren Kindern vorbehalten ist; es war der Ruf nach der nur guten Mutter. Gute Mütter sind immer angenehm, und es wäre wichtig, wir würden hinreichend gut mütterlich mit uns selbst umgehen. Eine gute Mutter grenzt sich aber auch einmal ab und sagt, daß es jetzt reicht, sonst ist sie nämlich keine gute Mutter, sondern eine Mutter, die sich ausbeuten läßt. Wenn Menschen sich als Opfer verstehen – ich spreche jetzt nicht von Menschen, die traumatisierte Opfer sind, sondern von Menschen mit alltäglicheren Schicksalen, die in der Opferrolle steckenbleiben –, dann mag damit eine gewisse Grandiosität verbunden sein, man hat dabei jedoch die Möglichkeit des Handelns und des Bestimmens aus der Hand gegeben, man hat die Aktivität geopfert, die auf die Täter projiziert wird. Will man sich nicht als Opfer verstehen, dann muß man erkennen, wo man selbst Täter oder Täterin ist. Im Täter-

und Täterinnenanteil ist die Aktivität gebunden, die man braucht, um das Leben wirklich zu verändern. Der Aufruf zum Selbstsein heute ist ganz sicher nicht mehr als Nabelschau zu verstehen, sondern radikaler und ernster, vor allem aber auch als Aufruf, auch den eigenen lebendigen Interessen nachzugehen.

»Selbstsein ist gefordert«, Selbstsein in den Beziehungen, Selbstsein nicht so sehr als Nabelschau, sondern Selbstsein in der Selbstverwirklichung, als Anreiz, wirklich das eigene Leben zu leben. Gelegentlich vergißt man, daß Selbstverwirklichung nicht nur ein innerer Entwicklungsprozeß ist, sondern sich auch dort vollzieht, wo man angesichts einer Aufgabe alles tut, was man zu tun in der Lage ist. Insofern gibt uns jede Arbeit auch Anreiz zur Selbstverwirklichung. Der Aufruf zu mehr Selbstsein und das Sich-Kümmern um die eigene Identität ist auch deshalb sehr wichtig, weil man durch das damit verbundene bessere Selbstwertgefühl auch besser mit der Angst umgehen kann. Angst ist aber ein zentrales Thema für den heutigen Menschen. Entscheidungen müssen getroffen werden, ohne daß man die für notwendig erachteten Entscheidungsgrundlagen tatsächlich besitzt. Von Angst ergriffen werden wir dann, wenn wir uns einer komplexen, mehrdeutigen Situation gegenübersehen, in der wir uns hilflos fühlen und keine adäquate Reaktion zur Verfügung zu haben meinen. Je unüberschaubarer das Leben wird, je weniger feststehende Regeln es gibt, die unsere Entscheidungen leiten, desto eher werden Menschen mit Angst reagieren, also neu lernen müssen, mit der Angst produktiv umzugehen.[91] Gleichzeitig mit der wachsenden Unüberschaubarkeit sind die traditionalen und institutionellen Formen der Angstbewältigung verlorengegangen. Beck postuliert, daß der Umgang mit Angst und Unsicherheit heute biographisch und politisch eine Schlüsselfunktion hat beziehungsweise das Umgehen damit zu einer »zivilisatorischen Schlüsselqualifikation«[92] gehört. Es gibt viele Möglichkeiten, mit der Angst umzugehen – eine wichtige besteht aber darin, daß das Selbstwertgefühl gestärkt wird.

Vom praktischen Umgang mit der Langeweile

Die mit einer depressiven Stimmung verbundenen Überzeugungen könnte man, in Anlehnung an Becker[93] also, wie schon gesagt, so umschreiben: Die Welt ist bedeutungslos, das Ich ist wertlos und das Leben sinnlos. Das könnte auch für die Langeweile gelten. Wenn das so ist, dann darf man das Leben und die Welt auch zerstören. Das bedeutet: Wenn man mit der Langeweile produktiv umgehen will, dann muß man das eigene Leben verändern, und zwar so lange, bis man weiß, wofür man die Energien einsetzen will, nämlich für etwas, das für einen selbst nicht bedeutungslos, nicht wertlos, nicht sinnlos ist. Man muß den wahren Interessen nachgehen. Und dann wird man nicht gewalttätig mit dem Leben umgehen, sondern man wird das Lebendige fördern, wo immer man es fördern kann.

Um mit Langeweile umgehen zu können, müssen wir sie zunächst erkennen und sie akzeptieren als sinnvolles Gefühl, als Durchgangsgefühl zu neuen Interessen und damit zu einer neuen Lebendigkeit. Aber Langeweile wird gefürchtet und daher abgewehrt, am meisten natürlich durch die Kurzweil. Langeweile kann sich auch hinter einer Sucht verbergen, auch hinter einem manischen, freudlosen Arbeiten.

Hat man die Langeweile aufgespürt, dann muß man ein Gefühl für die eigenen verschiedenen Formen der Langeweile entwickeln. Was sind die Ursachen dafür – zu einem bestimmten Zeitpunkt, jetzt. Sind wir ermüdet, langweilen wir uns leichter. In dieser Situation wäre es unsinnig, von uns zu verlangen, daß wir uns noch für etwas interessieren; Erholung ist angesagt. Es geht dabei nicht nur um eine normale, vorübergehende Ermüdung, sondern auch um Situationen, in denen Menschen über lange Zeit wenig für ihre Erholung tun und sich dann für gar nichts mehr interessieren können außer für Schlaf oder eben eine mögliche Form der Erholung – und das ist dann auch ein vordringliches Interesse.

Um Interesse zu entwickeln, braucht man Zeit und Muße. Die lange Weile stellt diese Zeit zur Verfügung, wenn wir sie akzeptieren können. Können wir die Langeweile aber nicht akzeptieren, dann steht zwar Zeit zur Verfügung, aber wir fühlen uns dennoch gehetzt, daß jetzt endlich etwas geschehen müsse.

Grundsätzlich gilt: Setzen wir uns ständig unter Zeitdruck, dann können wir unseren Interessen nicht mehr wirklich nachgehen, es mag immer wieder für einen neugierigen Ansatz reichen und für das Gefühl: Dem werde ich dann einmal nachgehen, wenn ich Zeit habe. So verliert man den Kontakt zum Interessanten und wird dabei leer. Die Langeweile wartet dann vor der Tür. Nun können wir natürlich nicht die Beschleunigung des ganzen Lebens aufhalten, aber wir können uns Zeitnischen schaffen für unsere Muße oder unsere Interessen, und diese Zeitnische ist genau so ernst zu nehmen wie ein wichtiger Termin.

Weiter ist zu klären: Kommt Langeweile aus dem Fehlen von Stimulation, einer uns im Moment nicht adäquaten Form der Stimulation oder aus Überstimulation? Es geht nicht einfach darum, Stimulation zu finden. Die liegt in der Welt und bei den Mitmenschen durchaus bereit. Es geht darum, die uns im Moment adäquate Form der Stimulation zu finden. Brauchen wir ein anregendes Gespräch, dann sucht man einen Menschen, mit dem man anregend sprechen kann, brauchen wir einen einsamen Spaziergang oder ein rauschendes Fest? Bei Überstimulation, ein Problem, das zum Beispiel bei Kunstausstellungen auftritt, muß man sich bescheiden und konzentrieren. Worauf will ich mich wirklich einlassen? Das Problem des Verzichtenkönnens stellt sich, aber auch eine Frage der Bewertung: Was bedeutet mir im Moment am meisten? Welches Bild spricht mich in einer besonderen Weise an?

Wir können uns aber auch langweilen, weil wir andere Gefühle abwehren. Wir lassen einen kräftigen Ärger nicht zu – statt dessen langweilen wird uns. Wir lassen eine Angst nicht zu – und langweilen uns. Ein absolut dringliches Problem steht im Raum, und wir wollen uns um keinen Preis damit auseinandersetzen –

gespannte Langeweile macht sich breit. Es kann auch ein schon lange bestehendes Problem sein, das wir nicht angehen wollen, das hinter der Langeweile steckt. Abhilfe wird geschaffen, indem man das zugrundeliegende Problem angeht, sich allenfalls auch therapeutische Hilfe holt.

Der Konflikt zwischen dem, was ich tun möchte, und dem, was ich tun muß, oder was die anderen angeblich von mir wollen, kann zu einer Blockierung führen, die wir ebenso mit dem Ausdruck »Langeweile« bezeichnen.

Diesen Konflikt muß man sich bewußtmachen; oft spüren wir nämlich nur den Überdruß, und man muß sich auch fragen, ob die anderen wirklich etwas von einem wollen. Gelegentlich geht es nämlich in dieser Situation auch nur um eine projektive Unterwerfung: Wir nehmen an, daß die anderen erwarten, daß wir uns in einer bestimmten Weise verhalten.

Eine Frage im Umgang mit der Langeweile ist generell besonders hilfreich: Was müßte »die Welt« uns bieten, damit wir uns nicht mehr langweilen? Implizit machen wir der Welt ja den Vorwurf: Sie ist nicht interessant genug, sie stimuliert uns nicht genug, sie stellt nicht das bereit, was wir gerade jetzt brauchen.

Fragt man Menschen, die sich langweilen – es geht dabei meistens um eine eher banale Langeweile –, was sie von der Welt haben möchten in diesem Moment, es müßte nicht erfüllbar und auch nicht unbedingt realistisch sein, dann bekommt man häufig phantasievolle Antworten.

Ein Mann, der von sich sagte, er müsse unter Zeitdruck Arbeiten fertigstellen, die ihn furchtbar langweilen, und er zeigte auch alle Anzeichen von Langeweile, antwortete auf die Frage: »Ich möchte jetzt, daß ein Vogel Greif käme, mich mitnähme, und direkt in Wien im Burgtheater absetzen würde. Dort wäre gerade die glanzvollste Aufführung, die es je gegeben hat, eine ganz neuartige Aufführung, wie es sie überhaupt noch nie gegeben hat. Also etwas ganz Tolles, ganz Neues.«

So weit seine Phantasie. Seine Bemerkung: »Auf diesen Vogel kann ich lange warten.« Nähme man statt des Vogels das Flugzeug, wäre man auch zufrieden mit einer hervorragenden Aufführung, die auch nicht ganz neuartig zu sein hätte, der Wunsch wäre zu erfüllen. Seine nachdenkliche Bemerkung: »Eigentlich interessiere ich mich ja sehr für kulturelle Veranstaltungen, ich besuche sie aber nur noch, wenn ich alle Pflichtarbeiten erledigt habe, und das ist eigentlich nie mehr der Fall, wenn ich ehrlich bin.«

Die Frage danach, was wir von »der Welt« erwarten, erschließt meistens einen Bereich der Wünsche und Interessen, die wesentlich sind für das Individuum, besonders wenn man der Phantasie freien Lauf läßt. Wird man sofort vernünftig und formuliert, was alles sowieso nicht geht, dann findet man nur heraus, was man ohnehin schon weiß.

Geht es wirklich um Langeweile, dann gibt es ein einfaches und schwer durchzuführendes Rezept für den Umgang damit. Die Voraussetzung ist, daß man die Langeweile als ein Gefühl versteht, das die Umstrukturierung unseres Interesses ermöglicht.

Beispielhaft beobachten kann man das beim kindlichen Spiel. Ein Kind hat hingebungsvoll gespielt, das Spiel ist zu einem Ende gekommen, es ist fertig. Das gerade noch sehr zufriedene Kind quengelt und sagt dann: Es ist so langweilig. Die Intervention von außen müßte sein: Die Langeweile gehört auch dazu, es fällt dir dann schon wieder etwas ein. Der Hinweis darauf, daß die vorübergehende Langeweile normal ist und daß dann schon wieder ein neuer Einfall kommen wird, ist wichtig.

Diese einfache Situation kann man als Paradigma nehmen für den Umgang mit Langeweile: statt einen Fluchtweg anzutreten, sich der Langeweile stellen, sich die Zeit nehmen, um sich mit ihr auseinanderzusetzen und darauf zu achten, was einem einfällt. Konzentriert man sich auf einen möglichen Einfall und vertraut man darauf, daß einem schon etwas einfallen wird, dann ist die Langeweile schon bedeutend weniger quälend. Man wendet sich nach innen und achtet auf die auftretenden Phantasien. Es findet eine Umstrukturierung in der Beziehung vom Ich zur Außenwelt und zur Innenwelt statt. Das Leben wird so gelebt, daß die inneren Bedürfnisse auch wieder zum Zuge kommen.

Das gilt auch für den Umgang mit der Langeweile innerhalb von Beziehungen. Wenn Menschen sich miteinander langweilen, ist das sehr ernst zu nehmen, man muß die Langeweile nicht abwehren, indem man einfach pausenlos ein Programm macht, so daß man gar nicht mehr miteinander allein ist. Es ist besser für die Beziehung, sich miteinander ausdrücklich zu langweilen, sich zu fragen, warum man sich langweilt, warum man sich so wenig einbringt usw. Gibt es vielleicht Angst in der Beziehung, und man steht nicht zu der Angst? Gibt es unterdrückten Ärger? Werden Wünsche nicht gehört, die man vorbringt, oder wagt man gar nicht, Wünsche zu äußern? Oft wird bereits bei diesen Gesprächen eine Paardynamik sichtbar, die zeigt, warum man sich miteinander langweilen muß. Falls das nicht der Fall ist, kann man sich auch auf diese erlebte Langeweile konzentrieren und beobachten, welche Phantasien dann auftauchen.

Langeweile in einer Beziehung heißt, daß die Beziehung verändert werden muß, daß die Ansprüche zwischen Innenwelt und Außenwelt und hier natürlich zwischen zwei Innenwelten und zwei Außenwelten wieder neu austariert werden müssen.

Nun hat die Langeweile eine Beziehung zur Zeit; es ist eben eine lange Weile, und die Langeweile kann nicht nur quälend erlebt werden, sondern man hat auch Weile, man hat Zeit für Neues, für das, was einem einfällt, aber auch für Altes, das wiederbelebt wird. Konzentrieren wir uns auf die Langeweile, können wir nicht einfach mit belebenden, stimulierenden Phantasien rechnen. Es ist wahrscheinlicher, daß Komplexe reaktiviert werden, Phantasien, die auf Komplexe hindeuten, und daß auch komplexhaftes Erleben auftritt. Das ist kein Fehler, denn über die Komplexe finden wir ja zu unseren Interessen. Konzentrieren wir uns auf die Langeweile, dann kann aus dieser sogenannten Leere oder aus dem Nichts eine neue Welt geschaffen werden. Es kann sein, daß wir einen Einfall haben, der uns bereichert. Es ist aber realistischerweise damit zu rechnen, daß die Altlasten noch einmal hochkommen, die man noch zu wenig bearbeitet hat, und in denen durchaus auch noch Ressourcen gefunden werden können. Leer sind wir nie – unser Gehirn arbeitet immer, unsere Phantasie ist immer vorhanden. Wir können sie aber verdrängen oder abspalten und stehen dann unter dem Eindruck, daß überhaupt nichts da ist.

Sieht man die Langeweile als eine Emotion, die eine neue Beziehung zwischen Innenwelt und Außenwelt ermöglicht, wird man sie nicht abwehren, sondern sich ihr neugierig zuwenden. Daß wir nie leer sind, ist auch empirisch belegt.

Donald Hebb,[94] ein kanadischer Neuropsychologe, hat in den fünfziger und Anfang der sechziger Jahre Untersuchungen über sensorische Deprivation angestellt. Dabei hat er Menschen in dunkle, stille Räume geführt, in denen sie sich auch nicht bewegen durften. Dort haben sie dann ziemlich lange gesessen, und dann begannen sie zu halluzinieren. Es gab verschiedene Nachuntersuchungen, die diese Forschungen bestätigt haben. Aus diesen Forschungen stammt die Erkenntnis, daß die Phantasie der natürliche Zufluchtsort des Menschen ist, wenn er sich in eintönigen oder reizarmen Situationen befindet.

Und deshalb kann man sicher sein, daß unsere Phantasie, wenn wir uns auf die Langeweile konzentrieren, ohne daß wir uns durch äußere Reize ablenken lassen, ins Spiel kommt. Aus diesen Phantasien heraus müßten sich dann Probleme abbilden, die zu bearbeiten sind, konkrete Wünsche und Interessen, denen man nachgehen möchte, die so stark sind, daß sie die Schwelle der Apathie der Langeweile überwinden können.

Aber auch die Phantasie ist nicht einfach ein Wundermittel, auch Phantasien können langweilig sein. Es gibt nämlich endlose Phantasien, die zu keiner Handlung, zu keinem neuen Verhalten anregen. Die Menschen sind zwar beschäftigt mit ihrer Phantasie, auch das eine Art von Kurzweil; hören sie aber auf mit dem Phantasieren, dann sind sie wieder so gelangweilt wie zuvor. Gesucht werden Phantasien, die in eine Aktivität münden, die anregen, oder Menschen, die sich von ihren Phantasien anregen lassen, um Erkenntnisse oder Wünsche in den Alltag zu transferieren. Dieser Entschluß zum Gestaltenwollen steht gegen die Bequemlichkeit, gegen die Müdigkeit.

Studiert man Phantasien, die gelangweilte Menschen produziert haben, dann gibt es da durchaus Zielvorstellungen, werden Wünsche sichtbar, Leitlinien der Entwicklung, oder komplexhafte Strukturen, von denen wir wissen, daß sie auch wieder Rohmaterial für zukunftsträchtige Phantasien sein können. Die Frage ist: Kann der phantasierende Mensch damit umgehen, oder muß er weiter verdrängen? Will er damit umgehen? Einer der Gründe, warum es zu diesen endlosen Imaginationen kommt, die zu keiner Veränderung Anlaß geben, besteht darin, daß zwar von der Psyche her ein Angebot vorhanden ist, das das Ich aber nicht aufnehmen will oder vielleicht auch nicht aufnehmen kann.

Ein weiteres Problem ist, daß wir oft auch in den Imaginationen zu kurz greifen: wir wagen nicht, letzte Wünsche zu imaginieren, zu phantasieren, sondern bleiben bei den ganz kleinen Träumen von Wunscherfüllungen, um bloß nicht enttäuscht zu werden. Etwa: ich langweile mich, was könnte ich kaufen? Und dann fallen ihnen ein paar Dinge ein. Die kaufen sie dann auch. Diese Phantasie, eine recht häufige übrigens, kann ins Geld gehen, wenn man sich oft langweilt und keine anderen Phantasien hat. Wer keine großen Wünsche wagt, um nicht erleben zu müssen, daß diese Wünsche nicht einfach umgesetzt werden können, sondern zunächst einmal eine Richtung im Leben anzeigen, hat viel weniger Optionen für das Offenbarwerden von Interesse. Es steckt meistens eine Angst dahinter, die Angst hemmt die Imagination. Ist diese Angst zu groß, dann ist therapeutische Hilfe angezeigt. Aber vielleicht muß man das Wünschen auch einfach wieder lernen. In den Märchen haben Märchenhelden oder -heldinnen gelegentlich drei Wünsche frei. Man bringt Menschen ziemlich in Verlegenheit, wenn man sagt: Du hast drei Wünsche frei, was wünschst du dir? Auch wenn man ihnen versichert, daß sie ihre Wünsche nicht nennen müssen, sind sie verlegen. Wir sind es nicht gewohnt, solche unrealistischen Wünsche zu haben oder gar zu äußern. »Sie werden ja doch nicht erfüllt, also werde ich den Teufel tun, mir diese Wünsche auszudenken«, sagte eine 35jährige Frau. Das ist ein schlechter Gebrauch der Phantasie. Da glaubt man nicht mehr daran, daß man das Leben verändern kann, und ist in der Gefahr, in eine Langeweilestagnation zu versinken. Es ist anregend, sich drei unerfüllbare und drei erfüllbare Wünsche zu phantasieren.

Wagen wir, wirklich eine utopische Phantasie zu haben, im vollen Bewußtsein, daß wir bei der Realisierung dann etwas hinter dieser Utopie zurückbleiben werden, so nährt das die Überzeugung, daß sich etwas verändern läßt, daß man eine offene Zukunft hat. Imagination ist wichtig im Zusammenhang mit der Öffnung der Zukunft. Die Imagination ist auch der Raum der Zukunft. Menschen, denen die Zukunft versperrt ist, haben es schwer, eine Imagination überhaupt zuzulassen. Es gilt aber auch das Umgekehrte: Dadurch, daß wir uns in unserer Gesellschaft nicht mehr gestatten, große Phantasien zu haben, die Welt der Phantasie sowieso etwas gering geachtet wird – geht es nicht direkt um nützliche kreative Prozesse –, werden wir im Grunde genommen immer anfälliger für Langeweile. Damit im Zusammenhang steht möglicherweise auch, daß wir, wenn wir uns langweilen, etwas Außerordentliches erwarten, eine psychische Erfahrung, die uns wachrüttelt. Wir erwarten etwas Absolutes, etwas von größter Intensität. Die Langeweile könnte in die Frage münden: Wie finde ich die größte Intensität? Wo wäre für mich die größte Intensität? Was gibt mir am meisten Lebensintensität? Was ist das überhaupt für mich? Die Frage kann anregend sein, die Realisierung ist etwas anderes.

Je größer die Verzweiflung der Menschen ist, je größer die Langeweile, desto eher haben sie das Gefühl, es müßte etwas ganz Grundlegendes, etwas ganz Umwälzendes geschehen. Therapeutisch folgt man in diesen Situationen einer Strategie der kleinen Schritte. Also gerade dann, wenn man erwartet, daß jetzt etwas ganz Großes passieren sollte, dann muß man mit einem ganz kleinen Schritt anfangen. Menschen, die sehr verzweifelt sind, machen, wie schon oben ausgeführt, erste Schritte über die Wiederbelebung der Sinne. Da die Qualität der Imagination von der Erfahrung mit unseren Sinnen abhängt, ist das auch eine gute Vorübung für die Imagination, vor allem aber ist es ein Schritt, wieder in Kontakt mit sich und mit der Welt zu kommen. Mit unseren Sinnen nehmen wir die Welt wahr, nehmen wir die Welt in uns herein; die Sinne verbinden uns mit der Welt, und das gibt uns meistens eine unmittelbare Befriedigung. Kein großes Imaginationsgebäude ist gefragt, sondern etwas, das den Menschen wieder mehr mit dem Leben verbindet.

Konzentration auf die Langeweile weckt Phantasien, und durch diese Phantasien, allenfalls vermittelt über die Komplexe, können wir an originäre Interessen herankommen. Das ist eine Möglichkeit, mit Langeweile umzugehen. So besehen kann Langeweile als Inkubationsphase verstanden werden, als eine Phase, in der bereits etwas Neues ins Leben treten könnte, wo wir aber diesem Neuen gegenüber noch verschlossen sind.

Nicht nur die Phantasien zeigen uns, wo Interessen sein könnten und wie das Leben weitergeht, das belegen auch die Träume. Aber auch hier: Menschen, die sich sehr langweilen, möchten ganz wunderbare Träume haben und beklagen sich, sie hätten so langweilige Träume oder überhaupt keine. Nun kann der interessanteste Traum einen langweilen, wenn man sich nicht auf ihn einläßt. Und auch das macht man in kleinen Schritten. Ich erinnere mich in diesem Zusammenhang an einen schwer depressiven Mann, der unter einer beharrlichen existentiellen Langeweile gelitten hatte. Er träumte, er habe eine Zitrone in der Hand, und er rieche diese Zitrone. Er war nicht zufrieden mit diesem

»blöden, banalen Traum«. Für mich war der Traum weder blöd noch banal, einer seiner Sinne war am Erwachen! Ich habe ihn in der Imagination immer wieder die Zitrone riechen lassen, und nach einigen Wochen staunte er plötzlich: Ich kann ja wieder riechen. Er hatte Lust, immer einmal wieder einen Schnitz einer Zitrone in seine Getränke zu tun – er roch daran und hatte den Eindruck, daß das Leben wieder zu ihm zurückkehre.

Aus einem Traum heraus kann durchaus ein neuer Zugang zur Welt kommen, den Weg gehen muß man selbst.

Der Umgang mit der Langeweile kann auch in einem größeren Kontext erfolgen. Man kann die Akzeptanz von Aspekten des Lebens fördern, die allenfalls zu Langeweile führen, wie etwa die Wiederholungen, und man kann sich grundsätzlich um die Intensität des Lebens kümmern, also Ressourcen aktivieren.

Die Wiederholungen werden dann weniger enervierend erlebt, wenn man sie als ein Strukturelement der verstreichenden Zeit sieht, und das heißt natürlich auch, als einen Aspekt von Tod. Je älter man ist, desto mehr Wiederholungen gibt es. Eine Frau Mitte 50 sagte nachdenklich zum Thema Älterwerden: »Es hat ja viel Angenehmes auch, zumindest noch in meinem Alter, aber was ich bedaure, man tut nichts mehr zum ersten Mal.« Das stimmt in dieser Radikalität wohl nicht ganz, es gibt immer noch Dinge zum ersten Mal, aber diese ersten Male werden weniger. Und dennoch: viele Dinge hat man schon oft getan, aber man tut sie manchmal so, als wäre es das erste Mal, in einer ganz neuen Haltung, in einer neuen Einstellung, auch in einer neuen Dankbarkeit. So kann man der Vergänglichkeit ein Schnippchen schlagen. Es sind zwar oft wieder dieselben Dinge, die sich wiederholen, aber wir sind nicht mehr dieselben. Wir können uns ärgern, daß es so viel Wiederholung gibt, oder wir können wahrnehmen, was sich in diesen Wiederholungen verändert, wie wir auch anders sind in diesen Wiederholungen. Die verstreichende Zeit und die Wiederholung ist ein Faktum und muß daher akzeptiert werden. Das ist eine Voraussetzung, um mit Wiederholung umzugehen.

Nun können wir uns aber, und zwar mit Recht, darüber aufregen, daß sich so unendlich vieles immer wiederholt. Wir sagen dann: Wir sind festgefahren. Wir machen immer wieder dieselben Projektionen, wir haben immer wieder dieselben Streitgespräche. Wir geben anderen Leuten immer wieder dieselben Ratschläge, so daß man sich selbst schon langweilt dabei. Man erzählt ja oft immer wieder dieselben Geschichten. Selbst die junge Generation scheint dieselben Ausreden zu benutzen, die wir auch schon gebraucht haben, dieselben Entschuldigungen. Menschen bleiben einfach Menschen. Und gelegentlich ist es schon etwas langweilig.

Sam Keen, der viel über Langeweile gearbeitet hat, schrieb: »Tag für Tag langweilen wir uns selbst und andere, indem wir immer dasselbe Zehntel unseres Persönlichkeitspotentials benutzen.«[95] Und man fragt sich: Könnte da die Entwicklung der Phantasie nicht doch etwas bringen?

Wir wissen auch aus Forschungen der Neurobiologie, daß wir lange nicht alle Potenzen ausschöpfen, die wir Menschen haben. Haben wir vielleicht doch zu wenig Interesse an uns selbst? Und haben wir auch zu wenig Interesse an anderen Menschen? Oder sind wir – und das ist eine Idee, die von alters her in der Philosophie immer wieder diskutiert wird – einfach bequem? Die Bequemlichkeit als Ursache für die Langeweile war kein Argument, eher ein Vorwurf, über Jahrhunderte hinweg.

Die Suche nach der Intensität

Je intensiver die Langeweile erlebt wird, desto größer ist das Bedürfnis nach intensivem Erleben. Wo können wir die gewünschte Intensität erleben? In diesem Zusammenhang zitiere ich noch einmal Pascal: »Nichts ist dem Menschen unerträglicher als völlige Untätigkeit, als ohne Leidenschaften, ohne Geschäfte, ohne Zerstreuungen, ohne Aufgabe zu sein. Dann spürt er seine Nichtigkeit, seine Verlassenheit, sein Ungenügen, seine Abhängigkeit, seine Unmacht, seine Leere. Alsogleich wird dem Grunde seiner Seele die Langeweile entsteigen, und die Düsternis, die Trauer, der Kummer, der Verdruß, die Verzweiflung.«

Ich konzentriere mich jetzt auf die beiden Begriffe »ohne Leidenschaften« und »Langeweile«, denn Intensität erleben wir unter anderem dann, wenn wir leidenschaftlich sind. Die Leidenschaft und das Interesse treffen sich in einem leidenschaftlichen Sich-Interessieren für etwas, dem äußersten Pol des Interesses. Insofern ist dieses Kapitel, obwohl es noch einmal ein neues Thema aufgreift, auch eine Zusammenfassung, und vieles, was bereits gesagt worden ist, begegnet uns noch einmal in einem etwas anderen Zusammenhang.

Was meint man mit Leidenschaft?

Leidenschaft hat zwei Gesichter: Da ist einer ein leidenschaftlicher Spieler – der Spielteufel hat ihn erfaßt. Wir kennen leidenschaftliche Leseratten, kein Teufel ist da mehr im Spiel, immerhin noch die Ratten, die ja gelegentlich auch als Teufelstiere gelten. Dann kennen wir aber auch leidenschaftlich Liebende, Menschen, die leidenschaftlich einem anderen Menschen verfallen, allenfalls von außen als »wie verhext« erscheinen und durch ihre Leidenschaften ihren kühlen Kopf verloren haben, sich ruinieren, ihre gesicherten Lebensverhältnisse riskieren. Wir kennen aber auch Menschen, die einen leidenschaftlichen sozialen Einsatz leisten, oder leidenschaftliche Aufklärerinnen oder Aufklärer, leidenschaftliche Schwarzseherinnen und Schwarzseher sind.

Ist Leidenschaft ein Laster und in der Nähe des Teufels anzusiedeln oder ein Maß für Energie, für Intensität, für die Nachhaltigkeit eines Strebens des Über-sich-hinaus-Seins, wie das leidenschaftliche Verfolgen eines Zieles, einer Sehnsucht, einer Vision, das dem Leben Sinn, Richtung und Intensität gibt?

Die Psychologie beschäftigt sich nicht intensiv mit Leidenschaft – und da, wo sie es tut, mit Vorbehalt. Ein Gleichgewicht zwischen Leidenschaft und steuernder Vernunft ist da etwa gefordert, wohl um den Schaden in Grenzen zu halten. Aber eigentlich ist Leidenschaft kein Thema, wird schnell unter süchtigem Verhalten abgehandelt. Leidenschaft ist aber nicht einfach süchtiges Verhalten. Die Leidenschaft ist also nicht Thema der Psychologie, eher etwas für die Literatur, und da geht es vor allem um die erotisch-sexuelle Leidenschaft oder deren Abwesenheit, um die Spielleidenschaft, die Leidenschaft zu töten und zu überleben. Die Wissenschaft tut sich grundsätzlich schwer mit der Leidenschaft, es herrscht die übliche Ambivalenz ihr gegenüber: Es wird ihr mißtraut, sie beschneidet die sogenannte Willensfreiheit des Menschen, sie ist die Feindin einer bestimmten Form von Autonomie. Andererseits kennt man und sucht man auch den leidenschaftlichen wissenschaftlichen Eros.

Leben ohne Leidenschaft ist seltsam leer oder ruft nach Pseudoleidenschaften – nach leidenschaftlichem Kitzel etwa, der immer mehr größer soll –; insgeheim ist sie also, zumindest in der alltäglichen Existenz, durchaus gesucht, allerdings hätten sie auch da die Menschen gern in einer mittleren Intensität. So ist sie jedoch selten zu haben.

Leidenschaft ist dialogisch

Leidenschaft hat einen Aspekt der Kraft, der Intensität, der Gewalt. In ihr zentrieren sich die Kräfte: Sind wir leidenschaftlich, dann sind wir auf ein Ziel bezogen, dem sich alle anderen Ziele unterzuordnen haben. Leidenschaft setzt aber voraus, daß uns etwas »packt«, ergreift, erfaßt, das wir leidenschaftlich begehren können, worauf wir uns voll einlassen wollen und müssen und das entweder zur Sinnerfüllung im Leben führt, auch zur Ausweitung der Persönlichkeit – oder zu deren Untergang, zur Qual. Im Schweizerischen sagen wir, wenn jemand von etwas sehr gepackt ist: er oder sie ist von etwas »angefressen«. Der Biß kommt einem also zuerst vom Leben her entgegen, und dann antwortet man auf dieses Angefressensein mit der entsprechenden Intensität. Leidenschaft ist wie das Interesse dialogisch.

Was uns da von außen »anfrißt«, ist geeignet, in uns eine große Erwartung zu wecken, und je mehr Aspekte unseres Selbst dieses Ziel, diese Utopie, diese Sehnsucht, die sich im »Biß« zunächst zeigt, abzudecken scheint – je tiefer uns etwas anspricht, desto intensiver werfen wir uns in die Leidenschaft.

Die Leidenschaft ist dialogisch, sie intendiert einen Prozeß der Interaktion zwischen dem Selbst und der Welt genauso wie das Interesse; von der Leidenschaft ergriffen denkt man, man sei gezogen von außen, vom Ziel einer Sehnsucht, und dennoch gestaltet man in tiefster Weise das eigene Selbst. Aber Leidenschaft ist eine Form der intensivsten Hingabe an das Du, an die Welt und an das eigene Selbst. In der Leidenschaft sind wir ganz wir selbst, wir gehen aber auch über uns hinaus. Leidenschaft, so sagt Fromm, ist weit mehr als ein physiologisches Bedürfnis oder die Befriedigung eines Triebs. Ihre Intensität beruht nach Fromm auf dem Bedürfnis des Gesamtorganismus, weiterzuleben und körperlich und geistig zu wachsen.[96] Körperlich und geistig zu wachsen könnte man nun auch so verstehen, daß das, was uns als so sehr begehrenswert von außen anspricht, genau das ist, was wir in unserem Selbst verwirklichen müssen. So besehen hat die Leidenschaft die Wurzeln in der menschlichen Existenz, sie will dem Leben einen Sinn geben, sie will Geahntes in die Realität bringen, Unfertiges umarbeiten.[97] Die Leidenschaften des Menschen können nicht einfach aus Defiziten erklärt werden oder aus Komplexen. Diese haben zwar einen Anteil daran, aber die Leidenschaften gehen weit darüber hinaus. Leidenschaften entstehen nicht einfach aus Projektionen unserer Schwierigkeiten, auch wenn sie sich im Rahmen unserer speziellen Lebensthemen, die natürlich ebenso unsere Schwierigkeiten ausdrücken, abbilden.[98]

Noch einmal Fromm dazu: Leidenschaften »sind der Versuch des Menschen, seinem Leben einen Sinn zu geben und das Äußerste an Intensität und Kraft zu erleben, was unter den gegebenen Umständen möglich ist... Sie sind seine Religion, sein Kult, sein Ritual, die er (sogar vor sich selbst) verbergen muß, soweit seine Gruppe sie mißbilligt.«[99]

Natürlich kann der Mensch dazu gebracht werden, seine Leidenschaften aufzugeben – und Fromm nennt das seine Religion –, um sich zu einem Kult des Nicht-Selbst zu bekehren.

Für ihn gibt es keine Wandlung in der Therapie, wenn es nicht gelingt, die lebensfördernden Leidenschaften aufzuspüren.

Mit dieser Bestimmung, daß Leidenschaft in jedem Menschen angelegt ist und eigentlich dem Hunger entspricht, sich selbst zu erhalten, aber auch über sich selbst hinauszugehen, sich leidenschaftlich in dieser Welt zu verwirklichen, dem Leben über die bloße Existenz hinaus einen Sinn zu geben, das eigene Selbst zu entwickeln, bekommt die Leidenschaft und damit auch das leidenschaftliche Interesse einen zentralen Stellenwert im menschlichen Leben. So wird auch verständlich, weshalb Menschen so gierig werden, wenn dieser Hunger nicht gestillt wird. Der Hunger läßt eine Zielvorstellung, eine Sehnsucht, eine Vision entstehen und ist darauf ansprechbar.

Emotionen, die der Leidenschaft zugrunde liegen
Die wesentlichsten Emotionen, die in den Leidenschaften, generell gesehen, zum Ausdruck kommen, sind Interesse und Inspiration. Mit speziellen Leidenschaften können weitere Emotionen verbunden sein. Daß die Welt, das Leben, das Du uns so sehr ansprechen kann, packen kann, daß wir letztlich »angefressen« sind, ist nur möglich, wenn die Leidenschaft unser Interesse weckt und dieses Interesse auch über lange Zeit aufrechterhalten kann. Wir wissen allerdings, daß es vorübergehende Leidenschaften gibt, aber auch Leidenschaften, die ein ganzes Leben lang anhalten. Über Interesse ist genug gesprochen worden. Doch was ist mit der Inspiration?

Inspiration
Hätte man die alten Griechen gefragt, was es heiße, leidenschaftlich zu sein, dann hätten sie wohl geantwortet: von einem Gott ergriffen zu sein. Im *Phaidros* von Platon steht dazu eine erhellende Passage: Es wird darüber gesprochen, daß es zwei Formen von Wahnsinn gebe, wobei Wahnsinn die Übersetzung von »mania« ist, die man auch mit Begeisterung, Raserei wiedergeben könnte. Die eine Art Wahnsinn wird gesehen als menschliche Krankheit, die andere als »göttliche Umwechslung des gewöhnlichen, ordentlichen Zustandes«. Der göttliche Wahnsinn wird differenziert, je nachdem, welcher Gott ihn verursacht hat. So kann man etwa von Apollo ergriffen sein, von einer Leidenschaft zur Weisheit, oder von Dionysos, von einer Leidenschaft zum immer wieder aufbrechenden Leben der Natur und von einer Leidenschaft zu allem Leiblichen, Sinnlichen, von den Musen als der Leidenschaft zum Dichterischen, Musikalischen, Künstlerischen und von der Aphrodite und von Eros als der glühenden Liebesleidenschaft.[100] Damit haben wir nun auch die Verbindung zur Inspiration. Inspi-

ration heißt hier Ergriffensein von einem Gott, und auch wenn wir – etwas nüchterner – inspiriert sind oder noch nüchterner bloß »angefressen« –, dann haben wir dennoch den Eindruck, von etwas ergriffen zu sein, das über uns hinausgeht, das wir in unser Leben hereinholen wollen, das Erneuerung verspricht, Aktualisierung, Aktivität, Wandlung, Intensität. Es ist dann so etwas wie eine Offenbarung. Wir fühlen uns als Empfangende, berührt von etwas Numinosem (Numen = Wille der Götter), erregt, angeregt; man hat keine Wahl, und doch fühlt man sich frei, es ist eine unausweichliche Erfahrung, und man ist überzeugt, die Energie zu haben, die man braucht, um das, was uns ergriffen hat, was uns inspiriert, auch zu gestalten. Die Leidenschaft ist dennoch mehrheitlich von dieser Welt, auch wenn sie sich auf eine Vision bezieht.

Die Ambivalenz gegenüber den Leidenschaften

Man wünscht sich zwar die Leidenschaften, begegnet ihnen aber auch mit Mißtrauen. Leidenschaften sind in sich problematisch.

Es besteht die Angst vor dem Verlust der Kontrolle, die Angst davor, ganz bestimmt zu sein von den leidenschaftlichen Emotionen und dabei die kritische Distanz, die sogenannte Willensfreiheit zu verlieren.

Das Ziel der Leidenschaften ist per se nicht einfach gut. Wir können nicht nur leidenschaftlich lieben, sondern auch leidenschaftlich hassen, leidenschaftlich zerstören.

Es gibt die Verfallsformen der Leidenschaft. Leidenschaft kann dazu führen, daß wir uns ganz in die Innerlichkeit verlieren und dabei die Welt aus den Augen verlieren oder uns an die Welt verlieren. Zudem gibt es geliehene Leidenschaften.

Das Ich kann auch der Leidenschaft abhanden kommen.

Angst vor dem Kontrollverlust

Was ängstigt an der Leidenschaft? Es ist vor allem die Heftigkeit, die in ihr ist, die Gefühlsintensität, die uns ergreift und uns über uns hinausträgt, uns zu einem Verhalten bringt, das nicht rechnet, nicht spart, alle unsere Energien auf etwas hin zentriert, dem eben unsere Leidenschaft gilt, ohne Rücksicht auf Verluste, im sicheren Wissen darum, daß es diese Verluste geben wird, daß man irgendwann für die Leidenschaft bezahlen wird. Der Leidenschaft eignet etwas Maßloses, und eben deshalb wird ohne Leidenschaft auch nie etwas getan, das über Mittelmäßigkeit hinausgeht. Deshalb kann auch die Leidenschaft uns über uns hinausbringen. Aber wir wissen darum, daß die Leidenschaft letztlich nicht zu kontrollieren ist, und alle Strebungen in uns, die auf Sicherheit bedacht sind, auf Überschaubares, alles in uns, das gern schon das Übermorgen geplant und abgesichert hätte, alle diese Regungen zittern vor der Leidenschaft. Leidenschaft bringt alles durcheinander, bringt Wandel dort, wo man ihn gar nicht vorgesehen hat. Da überläßt man diese lieber den Verruchten und den Besonderen. Und wenn man sich alle Leidenschaften leidenschaftlich versagt hat, dann bleibt der Hunger nach Intensität.

Die Angst vor Kontrollverlust gründet in der Angst vor den Emotionen, das ist aber auch eine Angst vor der Lebendigkeit und vor der Körperlichkeit, denn die Emotionen bilden den affektiven Kern unseres Selbst und äußern sich körperlich, psychisch und geistig. Die Angst vor der Emotion ist immer die Angst, es könnte dem Ich nicht mehr gelingen, diese Emotionen zu kontrollieren, man könnte dann »emotional« werden, und das interpretiert man meist nicht als »lebendig«, sondern als unreif. Natürlich gehört es zu unserem Leben, daß wir unseren Emotionen auch eine Form geben, aber es ist nicht sinnvoll, die Emotionen eliminieren zu wollen, denn das wird uns nie gelingen, und verdrängte Emotionen durchbrechen wirklich leicht jede Kontrolle. Normalerweise aber treten Emotionen auf und verebben auch wieder. In der Leidenschaft sind Emotionen nachhaltig – und das ist einerseits das

Faszinierende, denn wie oft möchten wir uns eine Emotion in ihrer Intensität erhalten, wohl wissend, daß diese ihren eigenen Rhythmus hat –, doch sie bereitet andererseits auch zusätzlich Angst, weil nachhaltige Emotionen einen zwingenden Charakter haben.

Die Gefährlichkeit der Leidenschaft wird uns auch deutlich, wenn wir uns überlegen, welchem Symbolkreis wir sie zuordnen. Leidenschaft gehört in den Symbolkreis des Feuers. Zunächst »fangen« wir einmal Feuer (und das nicht nur bei der erotisch-sexuellen Leidenschaft), sind dann »Feuer und Flamme«, und dann werden wir von diesem Feuer verzehrt. Leidenschaften ergreifen uns, begeistern uns, verzehren uns. Feuer wandelt – denken Sie an den Prozeß des Kochens –, Feuer kann aber auch zerstören; aus einem lodernden Feuer kann eine tiefe, heiße Glut zurückbleiben, oder kalte Asche. Es gibt keine Wandlung ohne Zerstörung, und die Frage ist, wieviel Wandlung, wieviel Zerstörung – und gerade das ist das Risiko der Leidenschaft – sie uns abverlangt, sie ist nicht kalkulierbar. Leidenschaften bringen die bestgeordneten Leben durcheinander, ja, gerade sie! Aber nicht der Endzustand macht das Feuer oder die Leidenschaft aus, sondern das Brennen: ein Feuer muß brennen, um ein Feuer zu sein. Und ein Feuer brennt konzentriert, ein Feuer, das nur hie und da immer einmal aufflackert, das ist kein rechtes Feuer und wird kein rechtes Feuer. Feuer ist gesammelt, zu vergleichen mit der Konzentration, die eine Leidenschaft auf ihr Ziel hin von dem Menschen erzwingt, den sie ergriffen hat. Und die Energie, die in diesem Verbrennungsprozeß liegt, ist wohl vergleichbar der Energie, die in den Leidenschaften liegt, und die für den Träger oder die Trägerin der Leidenschaften gesteigertes intensives Selbsterleben bedeutet, in Lust oder Qual – auch Qual, Leiden, ist intensiveres Selbsterleben.

Kleine Feuer wären gut unter Kontrolle zu halten – aber die Leidenschaften haben wie das Feuer auch eine gewisse Autonomie, die wir fürchten.

Ziel der Leidenschaft ist eingestandener- oder uneingestandenermaßen ein Ideal. Und der Traum ist immer besser als jede Realisierung. Diese potentielle Quelle der Enttäuschung hat leidenschaftliches Engagement immer in sich. Das ist das Risiko, auf das man sich einläßt, und irgendwann weiß man sogar, daß diese Enttäuschung unumgänglich ist: Kein leidenschaftliches Engagement erfüllt letztlich die Hoffnungen und Vorstellungen, die einem zu Beginn vorgeschwebt und dazu verführt haben, sich der Leidenschaft zu überlassen. Je intensiver die Emotion, desto intensiver die Enttäuschbarkeit, die Angst vor Verlust, die Angst vor dem Scheitern.

Die Ziele der Leidenschaften sind nicht einfach gut

Wir können nicht nur leidenschaftlich lieben, wir können auch leidenschaftlich hassen, wir können etwas leidenschaftlich zerstören wollen. Deshalb spricht Fromm davon, daß es darum geht, die lebensfördernden Leidenschaften zuzulassen. Die Leidenschaft als solche sagt noch nichts aus über das Ziel. In der Fachliteratur wird immer wieder betont, daß die Leidenschaft nicht einfach zu verteufeln, sondern daß sie je nach ihrem Ziele zu beurteilen ist. Und es gibt dabei »höhere« und »niedrigere« Ziele. Richtig daran scheint mir, daß Leidenschaft in sich weder gut noch böse ist, sondern eine menschliche Möglichkeit, die Beziehung zu anderen Menschen und zur Welt wesentlich zu intensivieren und damit auch zu verändern. Was hat es nun aber mit den »höheren« und den »niederen« Zielen auf sich? Ist zum Beispiel eine sexuelle Leidenschaft negativer zu beurteilen als zum Beispiel die leidenschaftliche Liebe einer Mystikerin zu ihrem Gott? Jede dieser Leidenschaften kann den Menschen, den sie ergreift, beglücken, ausfüllen, beschwingen, zu großen schöpferischen Taten hinreißen oder aber überfordern, zerbrechen. Ich bin mir auch nicht so sicher, ob wir wählen können, ob unsere Leidenschaften uns von oben oder von unten ergreifen und ob es letztlich nicht sogar auf dasselbe herauskommt. Es ist auch nicht so recht auszumachen, was denn jetzt eigentlich höhere Ziele sind: Höher in bezug worauf? Diese Unterteilung beinhaltet versteckt doch wieder die Ablehnung der Leidenschaftlichkeit, der Emotionalität, der Leiblichkeit.

Damit will ich aber nicht sagen, daß es nicht verschiedene Leidenschaften gäbe: Wir haben den Symbolkreis des Feuers in Zusammenhang mit Leidenschaft gesehen, von den Farben her wären das wohl die »rot-gelben« Leidenschaften, die in sich etwas Körperliches (Blut) und auch etwas Aggressives, Draufgängerisches haben und sich gut als Bild für erotisch-sexuelle Leidenschaften eignen. Es gibt aber auch Leidenschaften, die eher durch »rot-blau«, mit Betonung auf dem Rot, in Verbindung gebracht werden könnten – vom Feuer her gesehen wäre das dann die Glut, nicht mehr das züngelnde Feuer, vielleicht könnte damit eine tiefe Lebensleidenschaft ausgedrückt sein oder eine Leidenschaft für das Bewußthalten von heiligen Werten (Priesterpurpur). Aber auch ein Tannengrün kann Leidenschaft symbolisieren, das Tannengrün, das mit einem konsequenten Werden verbunden ist, an Tannen denken lassen, die auch den Winter überstehen, Symbol für eine stetige, durchhaltende, zähe Leidenschaft.[101]

Verfallsformen der Leidenschaft

Die Gefahren, die ich bis jetzt beschrieben habe, sind die, die man traditionellerweise mit der Leidenschaft verbindet. Die Leidenschaft birgt aber auch in sich Möglichkeiten negativer Ausformung. Gehen wir noch einmal davon aus, daß in der Leidenschaft eine intensivierte Interaktion zwischen der Welt, einem Du und einem Menschen mit seiner Innenwelt stattfindet, die von Interesse für ein Ziel, von Begeisterung und Gestaltungswillen geprägt ist. Daraus ergeben sich die möglichen Verfallsformen.

Man kann sich an die Welt und sich selbst dabei aus den Augen verlieren, sich in dem, was einmal Ziel einer Leidenschaft war, verstricken und sich vormachen, daß man immer noch einer zentralen Leidenschaft nachginge. Da ist man dann noch leidenschaftlich sozial engagiert, aus liebgewordener Gewohnheit, die Leidenschaft ist aber nicht mehr im Inneren verankert. Das eigene Selbst verhungert dabei.

Die dialogische Interaktion muß erhalten sein, soll Leidenschaft wirklich die Intensität und die Aktivierung entwickeln können, die ihr eignet.

Ähnliches geschieht auch bei der Sucht. Süchtiges Verhalten ist keine Leidenschaft. Sucht ist ein Ersatz für Leidenschaft. Wer nur von der Welt erwartet, zum Beispiel von einem Glücksspiel, daß es letztlich, indem man sich darauf einläßt, die eigene Leere auffüllt, wird nie die Erfüllung finden, die eine dialogische Auseinandersetzung mit dem Gegenstand der Leidenschaft gibt, die die konstante Interaktion zwischen dem Selbst und dem Ziel der Leidenschaft gestaltend zum Inhalt hat.

Geliehene Leidenschaften

Das eigene Selbst kann jedoch auch dann leer ausgehen, wenn wir uns ein fremdes Ziel zu eigen machen, ohne daß es wirklich unser eigenes ist oder ein solches werden kann. Das geschieht oft im Zusammenhang mit kollektiven Strömungen und kollektiven Leidenschaften.

Es gibt ja nicht nur unsere ganz persönlichen Leidenschaften, sondern auch die Leidenschaften einer Gruppe in einer ganz bestimmten Zeit. Gleiche oder ähnliche Ziele können für viele verschiedene Menschen attraktiv sein. In einer Gruppe ist es zudem etwas einfacher, eine Leidenschaft zu leben (Gruppen wirken emotionsverstärkend), und Menschen mit ähnlichen Leidenschaften haben auch die Tendenz, sich zusammenzuschließen, um ihren Ideen auch zur Nachhaltigkeit zu verhelfen. Gerade dann, wenn der einzelne seine eigenen Interessen wenig spürt, ihnen auch wenig nachspürt und doch ein Hunger nach Intensität und Dazugehören besteht, ist die Gefahr groß, ein fremdes Ziel, das zunächst begeistert, zum eigenen Ziel zu erklären. Diese

»Leidenschaft« äußert sich dann so, daß das Ziel meist eingeengt ist und der betreffende Mensch sich damit überidentifiziert. Dieses Ziel wird dann mit stärkster Intensität, Nachhaltigkeit und Konsequenz verfolgt. Die Leidenschaft verkommt zu einer fanatischen Leidenschaft, der das Wesen der Leidenschaft, dieses dialogische Interaktionelle, gerade fehlt. Das Fanatische zeigt sich auch daran, daß auch keine Dialogfähigkeit mit außen vorhanden ist.

Günter Hole[102] hat in seinem Buch zum Fanatismus herausgearbeitet, daß in der Persönlichkeit des Fanatikers ein großes Bedürfnis nach Selbstbestätigung, nach kompletter Bejahung der eigenen Person und ihren Einstellungen ist. Fanatiker pochen auf absolute Gültigkeit der vertretenen Positionen und setzen diese auch gegen Andersdenkende durch, notfalls mit Gewalt. Ein großes Bedürfnis nach Konsequenz ist damit verbunden, das strikte Durchhalten der eigenen Linie. Psychodynamisch – ich folge den Ausführungen von Hole – haben wir es mit einer Überkompensation individueller Mängel zu tun, um eine narzißtische Problematik, die dadurch »repariert« wird, daß eine Identifikation mit einem überhöhten Ideal Lebensinhalt und Lebenssinn vermitteln soll. Im tiefsten Grund des Fanatismus – und das macht ihn so gefährlich, denn vom Fanatismus zum Faschismus ist ein kurzer Weg – steckt das Versprechen der Selbstverwirklichung, Selbstverwirklichung für Menschen, die ein wenig strukturiertes Selbst haben, die wenig eigene Interessen entwickelt haben, wohl auch, weil man ihnen zu wenig wirkliches Interesse entgegengebracht hat.

Von den »geliehenen Leidenschaften« habe ich gesprochen, Hole spricht von Ansteckungsfanatismus: Er postuliert, daß Individuen mit verschwommenen Persönlichkeitsgrenzen in unbefriedigende persönlichen und sozialen Situationen sich von einer idealistischen Zielsetzung begeistern lassen. In Verbindung mit einer Autoritätsmentalität, einer Mentalität, die keine Verantwortung übernehmen will, sind sie fanatisch infizierbar. Die Gruppenidentität gibt ihnen darüber hinaus das Gefühl des Dazugehörens und damit einer Identität und eines Selbstwertgefühls, das sie von sich aus nicht entwickeln würden und das auch durch das persönliche Leben unabgedeckt ist, immer durch Akzeptanz durch die Gruppe erhalten werden muß. Diese Menschen geben die Unabhängigkeit des eigenen Selbst auf, verschmelzen mit jemandem oder etwas Außenstehendem – Fromm spricht in diesem Zusammenhang von der Flucht aus der Freiheit – und fliehen damit auch aus der Verantwortung.

Geliehene Leidenschaften müssen einen aber nicht unbedingt in den Fanatismus abgleiten lassen. Mit einem besser strukturierten Ichkomplex oder einem weniger labilen Selbst kann man immer noch die ganz privaten Leidenschaften im verborgenen leben, sie vielleicht gar als unwesentlich abtun und sich den »erlaubten« kollektiven Leidenschaften zuwenden oder denen, die gerade »modern« sind. Diese Leidenschaften haben auch nicht das wahre Feuer in sich und müssen deshalb auch immer etwas künstlich angefacht werden, damit sie nicht ausgehen. Es ist eine Pseudoleidenschaft, und man erkennt sie daran, daß sie wenig Konsequenzen hat, weder für den Betreffenden oder die Betreffende noch für die Welt. Sie erzeugt auch kein Chaos. Eigentlich fällt sie in die Kategorie der Lebenslüge. Und sie kann natürlich in den Fanatismus abgleiten.

Das Ich kann der Leidenschaft abhanden kommen

Es gibt nicht nur die Verfallsformen der Leidenschaft, man kann auch jeder Art der Leidenschaft verlieren. Da sagt zum Beispiel jemand, er habe keine Wünsche mehr, kein wirkliches Begehren, kein Verlangen, keinen Hunger. Das Interesse ist wie abgestorben, ertrunken in den Enttäuschungen, entmutigt angesichts all der Gefahren, die mit der Leidenschaft verbunden sind und einen ständig in Konflikte bringt, die so reich an Risiko ist, mit soviel Anstrengung verbunden ist und letztlich doch nie hält, was sie verspricht.

Jede – auch leidenschaftliche – Tätigkeit ist mit Enttäuschung verbunden, mit einem Verlust der Intensität im Verlaufe der Zeit. Zudem führt sie selten zu dem Ziel, das man sich vorgenommen hat. Die Frage stellt sich dann, ob man die Wege, auf die die Leidenschaft einen geführt hat, genießen konnte oder ob man bloß zielorientiert gewesen ist oder sein mußte.

Einen Menschen ohne Leidenschaft, ohne Begehren, ohne Verlangen, nennt man dann realistisch, illusionslos, und es käme einem nicht in den Sinn, ihn als arm zu bezeichnen. Gewöhnlich machen sich dann klammheimlich andere Leidenschaften breit, die wir vielleicht gar nicht so sehr als Leidenschaften bezeichnen: leidenschaftliche Befürchtungen, intensiv quälende Sorgen und Ängste. Und hier wären auch die verborgenen Interessen zu finden, maskiert in Befürchtungen, in Sorgen, in Ängsten.

Im fortgeschrittenen Alter wird möglicherweise die Leidenschaft auch anders, weil die Spielräume enger werden – und Leidenschaft braucht Spielräume. Max Scheler hat sich im Alter darüber ausgelassen, daß die Nachwirkungen der Vergangenheit, je älter man werde, die Spielräume der Zukunft beeinträchtigen.[103] Vieles, was einmal war, was aus leidenschaftlichem Engagement heraus entstanden ist, hat Folgen im Leben, beansprucht Zeit, Energie, Phantasie. Die sind nicht unerschöpflich. Gehen wir davon aus, daß im leidenschaftlichen Engagement uns eigentlich unser Selbst entgegenkommt, dann werden durch dieses Engagement auch viele Aspekte unseres Selbst bewußt und ins Leben integriert oder inkarniert. Die Frage im Alter ist nun: Wie geht Entwicklung weiter? Um welche Leidenschaften geht es jetzt? Um die Leidenschaften des Erinnerns vielleicht?

Leidenschaft kann gefährlich sein, sie kann uns auf viele mögliche Arten Leid zufügen, sie kann uns aber auch völlig unwillkürlich abhanden kommen – und dennoch halte ich das Zulassen und das Suchen von Lebensleidenschaft[104] für eine Möglichkeit des gelingenden Lebens, die dem Wesen des Menschen gemäß ist.

Plädoyer für Lebensleidenschaft

Die Leidenschaft ernst zu nehmen heißt, unseren emotionalen Bezug zum Leben ernst zu nehmen, dann sind wir bei uns selbst, im Körper, und wir sind lebendig. Leidenschaft ist ein Gegenpol zur Gleichgültigkeit, die nur zu oft als Gelassenheit mißverstanden wird. In der Gleichgültigkeit wird der emotionale Bezug abgeschnitten. Lassen wir Emotionen nicht mehr zu, dann lassen wir uns nicht mehr betreffen von der Welt um uns herum, wir handeln dann auch nicht mehr, wir haben dann auch keine Energien zum Handeln. Wir entwickeln uns aber auch nicht mehr.

Leidenschaftlich zu leben heißt also, sich für das eigene Leben, das eigene Selbst zu interessieren und sich für das zu interessieren, was uns interessiert in der Welt. Leidenschaftlich zu leben heißt, zu verstehen, daß man für ein lebendiges Leben steht, daß es nicht gleichgültig ist, was wir aus unserem Leben machen, so daß wir am Ende eines Lebens nicht sagen müssen, daß nichts war.

Es mag modisch sein, sich »cool« zu geben – nicht affizierbar. Und dann ist uns eben alles gleich – gültig. Es gibt keine Vorlieben, keine Abneigungen, nichts, wofür es sich einzusetzen lohnt. Leidenschaft ist vielleicht altmodisch: Sie bezieht sich auf eine Interaktion von Innenwelt und Außenwelt – und die Leidenschaftlichen gestalten diese Interaktion, wollen verändern. Leidenschaft glaubt an eine Innenwelt, in einer Zeit, in der der Innenwelt wenig Kredit gegeben wird, wo es eigentlich nur noch darauf anzukommen scheint, ob man gut funktioniert oder nicht.

Leidenschaft bezieht sich auf Sinnsuche und auf Herstellung von Sinnerfahrung. Nun klingt das Wort »Herstellung« vielleicht auch schon wieder sehr modern – und zu aktiv. Und dennoch ist mir hier eine Aktivität auszudrücken sehr wichtig. Der Sinn muß nicht von irgendwo über uns ausgegossen werden, es stellt sich

Sinnerfahrung ein, indem wir unseren Leidenschaften nachgehen. Und diese Sinnerfahrung ist auch nicht einfach immer vorhanden und gratis zu haben. Wir müssen uns auch entschieden auf ihre Seite schlagen. Das heißt, immer dann, wenn uns das Gefühl der totalen Sinnlosigkeit überkommt, werden wir dieses Gefühl nicht überhandnehmen lassen, sondern Sinnerfahrung und Erfahrung der Sinnlosigkeit nebeneinanderhalten und die Diskrepanz ertragen. Ich nenne das abgekürzt: »Sich nicht umbringen lassen.« Das heißt, daß wir uns nicht einfach auf die Seite des Scheiterns und der Mutlosigkeit schlagen, sondern den Teil des Glückens, der immer auch erlebbar ist, konsequent auch in unser Lebensgefühl integrieren. Das gelingt uns normalerweise sehr gut, wenn es uns gut geht und alles rundläuft; es ist dann eine uns abzufordernde Leistung, wenn wir resignieren und uns zum Opfer der Lebensumstände machen wollen. Das sind wir natürlich auch, aber eben nicht nur.

Lebensleidenschaft heißt auch, sich als Gestalterin oder Gestalter des Lebens zu verstehen und nicht einfach und ausschließlich als Opfer.

Leidenschaftlich zu leben wäre eine ganz wichtige Ressource wider die Langeweile und die Depression.

Kann man lernen, leidenschaftlich zu leben?

Es gilt zunächst, das Gestrüpp, das die Leidenschaft zudeckt, zu entfernen. Zunächst muß enttarnt werden, was der Leidenschaft entgegensteht. Es muß auch transparent gemacht werden, daß es auch eine Leidenschaft zum Lebenshemmenden und zum Destruktiven hin gibt und daß darin sehr oft die enttäuschte Leidenschaft zum Lebendigen hin verborgen ist, etwa glühender Haß auf einen Menschen, der es nicht zuläßt, daß man an ihm die Liebesleidenschaft ausprobiert.

Man muß der Angst vor der Leidenschaft ins Auge schauen. Wir müssen sehen, wo sie uns Erfahrungen verschließt, und uns klarwerden darüber, ob wir wirklich uns so sehr schützen müssen – fast zu Tode schützen müssen. Tod und Langeweile sind nah beieinander im Erleben. Wir meinen, uns so turbulente Erfahrungen nicht zumuten zu können, und langweilen uns statt dessen fast zu Tode.

Es gibt eine viel tiefere Angst, die aber geradezu konstitutiv für Lebensleidenschaft ist: die Angst vor dem Tode, oder zumindest das Bewußtsein der Endlichkeit und des Todes. Um leidenschaftlich zu leben, muß man den Tod kennen als etwas Unumgängliches, etwas, das nicht zu vermeiden, nicht wirklich zu verstehen, nicht ganz zu erfassen ist und uns dennoch herausfordert, gerade auf dieser Folie das Leben leidenschaftlich zu leben, dem Leben angesichts des Todes so viel Leben wie möglich abzuringen. Den Tod zu akzeptieren kann man auf vielen Ebenen verstehen: Den Tod zu akzeptieren heißt, Risiko zu akzeptieren, heißt Wandel zu akzeptieren, aber auch das Scheitern. Es gilt aber auch zu verstehen, daß gerade die Endlichkeit herausfordert, daß wir unser Leben intensiv leben, intensiv gestalten. Wir müßten lernen, den Tod als Mitspieler zu betrachten in unserem Leben, und nicht als Gegenspieler – den Tod als Wandler.

Noch einmal: Leidenschaft zum Lebendigen

Man kann Leidenschaft nicht lernen. Bei der Leidenschaft müssen wir uns ansprechen lassen von etwas, das uns entgegenkommt, wir müssen uns in Beschlag nehmen lassen von etwas, das auch außer uns ist, wir müssen uns ergreifen lassen. Das kann man nicht machen, man kann aber offen sein dafür. Am ehesten ergreift uns etwas in Übergangssituationen,[105] wenn wir nicht aus lauter Trotz, daß das Leben nicht den Gang nimmt, den wir uns vorgestellt haben, alles, was uns begegnet, entwerten. Auch, wenn man Lebensleidenschaft nicht lernen kann, kann man sich doch in eine Haltung begeben, die die Lebensleidenschaft fördert.

Zur Leidenschaft gehört die Offenheit zu den Emotionen hin. Emotionen sind immer auch in unserem Körper. Auch die primär nicht-sinnliche Leidenschaft hat viel mit unseren Sinnen und dem

Sinnenhaften zu tun. Hier wird eine Verbindung zur Langeweile sichtbar, weil in der Langeweile die Welt, die uns durch die Sinne vermittelt wird, nicht mehr aufgenommen werden kann. Es gibt keine Leidenschaft, die letztlich nicht auch in unserem Körper wurzelt; die mystischste Liebe bringt einen Körper in Erregung und läßt ihn lebendig werden. Offenheit zum Körperlichen hin, zur Natur, zu den Emotionen ist eine der Voraussetzungen, daß Leidenschaft werden kann.

Zur Leidenschaft gehört weiter konstitutiv das Interesse. Wir können lernen, uns zu interessieren für das, was uns wirklich interessiert. Wie oft wehren wir unsere wirklichen Interessen ab, weil sie uns nicht reif genug erscheinen, nicht kultiviert genug, nicht intellektuell genug. Es gilt, die Interessen dort zu finden, wo sie sind. Interesse für die Interessen zu kultivieren heißt auch, nicht immer dort sein zu wollen, wo wir nicht sind. Wie soll sich da ein Interesse aufbauen, wenn wir jedes kleinste Interesse schon wieder verraten um eines anderen Interesses willen? Man braucht eine Entschlossenheit und den Mut zum Risiko. Es kann ja sein, daß ein anderes Interesse auf die Dauer mehr an Lebensfülle und Lebenssinn entbinden würde oder vielleicht weniger teuer wäre – aber sicher kann man da nie sein. Sicher ist indessen, springen wir von einem Interesse zum anderen, daß wir uns nie in etwas vertiefen können, nie wirklich bei einer Sache sein können, nie wirklich unser Herz an etwas hängen können. Das ist alles noch keine Leidenschaft, das führt allenfalls zu einem konzentrierten Lebensstil, aber es ist die Voraussetzung für Leidenschaft. Denn je mehr unser Interesse gebündelt wird, desto interessanter wird das, was uns aus der Welt entgegenkommt. Sind wir ganz und gar ohne Interessen, dann müssen wir uns auf die Langeweile konzentrieren. Wehren wir die nicht ab, überlassen wir uns ganz unserer Langeweile, dann werden Phantasien aufsteigen, die in der Regel schon einen Wunsch oder ein Begehren zeigen – ein Ansatzpunkt für aktives Interesse. Bleibt man bei den Phantasien, ohne sie zu realisieren, dann wird es wieder langweilig werden. Interessen,

Wünsche, Begehren – sie nicht schon abwürgen, bevor sie Gestalt angenommen haben, weil wir sicher sind, daß wir doch enttäuscht werden. Das kann zwar sein, der Traum ist immer besser als die Realisierung, und dennoch ist es besser, immer auch einmal enttäuscht zu sein, vielleicht sogar fundamental enttäuscht zu sein und zu spüren, daß man lebendig ist, als nichts mehr zu wünschen, nichts zu begehren, nichts zu wollen.

Begeisterung und Freude

Aber nicht nur das Interesse ist wichtig im Zusammenhang mit der Leidenschaft. Die Begeisterung ist ebenfalls konstitutiv für die Leidenschaft. Wir können auch die Begeisterung nicht mit dem Willen herbeizwingen, auch sie lebt davon, daß uns etwas ergreift. Es gibt aber eine Vorform der Begeisterung, die in jedem Leben anzutreffen ist und deren Erleben kultiviert werden kann: die Freude. Woran haben wir nicht nur Interesse, sondern auch Freude? Wie fühlt sie sich an? Nehmen wir sie bewußt wahr? Suchen wir sie? Vielleicht wächst unsere Freude zu Begeisterung – vielleicht auch nicht. Möglich wäre es. Wo finden wir unsere Freude am Leben? Keine globalen, sondern ganz präzise Antworten sind hier gefordert: Was löst dieses warme, uns weitende, beschwingende Gefühl der Freude aus? Ein Blick, eine Blume, ein Geruch, ein Gedicht, Bewegung, Musik, Rhythmen, Tanz?[106] Im Rahmen der Säuglingsforschung ist gezeigt worden, daß Kinder, die in einer freudigen Umgebung aufwachsen, auch mehr Interesse haben.[107]

Wie kann man Freude kultivieren? Man muß die Freude wahrnehmen, empfinden, wie sich dieses Gefühl auch als Körpergefühl anfühlt. Wie beim Interesse braucht es dazu Zeit. Die Freude ist eines der Gefühle, das in der Erinnerung fast noch beglückender ist als bei der ursprünglichen Erfahrung. Und für diese ursprüngliche Erfahrung der Freude muß man sich Zeit nehmen.

Wenn wir uns freuen, dann fühlen wir eine Wärme in uns aufsteigen, eine körperlich erfahrbare, aber durchaus auch eine seelische Wärme. Diese läßt uns offener, aber auch lebendiger werden.

Das Selbstgefühl, das wir bei der Freude erleben, ist ein Gefühl des selbstverständlichen Selbstvertrauens, das daraus resultiert, daß wir im Moment der Freude uns selbst, die Innenwelt, die Mitwelt akzeptieren können, wie sie ist, weil uns mehr zugefallen ist, als wir erwartet haben. Zu diesem selbstverständlichen Selbstvertrauen gehört, daß man sich bedeutsam fühlt, ohne daß man bedeutsam sein muß. Dieses selbstverständliche Selbstvertrauen, das wir als Menschen im Zustand der Freude erleben, bewirkt eine Öffnung – auch hier wieder ein Aspekt der Transzendenz: Wir müssen unsere Ich-Grenzen nicht stur behaupten, wir können sie öffnen. In der Freude sind wir nicht mißtrauisch, manchmal dafür naiv. Wir erwarten in der Tat nichts Böses. Tritt das Böse dann doch ein, dann fühlen wir uns sehr verletzt. Man kann sich schützen vor diesen Verletzungen, indem man die Freude nicht mehr zuläßt. Das ist ein teurer Schutz.

Selbstverständliches Selbstvertrauen, Bedeutsamkeit, auf der man nicht beharren muß, Offenheit und die Möglichkeit des Sich-Öffnens ergibt ein Selbstgefühl der Vitalität und der Kompetenz, mit dem Leben umgehen zu können; wir spüren neue Lebensenergie. Daraus resultiert, daß wir den Menschen nahe sein möchten, daß wir teilen möchten, daß wir den Mut finden, miteinander Lösungen zu erproben. Es gibt eine Untersuchung, die dieses Phänomen bestätigt: Kinder durften sich einen Film ansehen und bekamen dafür etwas Geld. Die Hälfte der Kinder sah einen Film, der viel Freude auslöste, die andere einen langweiligen Film. Am Ende der Vorstellung wurde den Kindern mitgeteilt, daß am Ausgang die Möglichkeit bestehe, Geld zu spenden für arme Kinder. Die Kinder, die sich gefreut hatten, spendeten wesentlich mehr als die, die sich gelangweilt hatten.

Da es in der Therapie immer auch um das Stärken des Selbstwertgefühls geht, scheint es mir sinnvoll, die natürliche Stärkung, die im Leben schon angelegt ist, zu unseren klassischen Bemühungen zur Stützung eines kohärenten Ichkomplexes beizuziehen. Da ein gutes Selbstwertgefühl bei allen Menschen wichtig wäre, weil wir mit einem besseren Selbstwertgefühl uns weniger rasch bedroht fühlen würden, und weniger rasch feindselig reagierten, etwas weniger uns ängstigen und ideenreicher das Leben anpacken würden, damit aber auch leichter schwierige Situationen durchstehen könnten, ist es für alle Menschen von großer Wichtigkeit, die Ressourcen, die im Erleben von Freude liegen, zu beachten.

Außerdem führt die Emotion Freude auch dazu, daß menschliche Solidarität, die wir doch eigentlich dringend benötigen, gefördert wird – dies ein weiterer Grund, sich mit dieser Emotion mehr zu beschäftigen. Wandlung des Menschen ist so besehen nicht nur dann möglich, wenn wir uns unserer tiefsten Angst stellen, unsere Verzweiflung ausloten, sie ist auch möglich durch das Erleben von Freude, von alltäglicher, gewöhnlicher Freude, aber auch durch das Erleben von intensiver Freude, bedenkt man nur etwa, wie Verliebtsein – ein Zustand, der zu Beginn meistens von großer Freude begleitet ist – einen Menschen verändern kann.

Obwohl man auch die Lebensleidenschaft nicht herbeizwingen kann, gibt es doch mindestens drei gut begehbare Zugänge zu ihr: Folgen wir unseren wirklichen Interessen, treten wir ein in den Wirkkreis des Interesses, kann durchaus eine Leidenschaft daraus werden. Die Freude, die zu Begeisterung werden kann, ist eine Emotion, die wir alle kennen, die wir aber viel bewußter wahrnehmen und wertschätzen könnten. Da die Leidenschaft eine Form der Lebendigkeit ist, kann man, um zu ihr zu kommen, den Spuren der Lebendigkeit in unserem Leben folgen.

In welchen Situationen fühlen wir uns besonders lebendig? Wo können wir uns ganz auf etwas einlassen? Wo spüren wir unsere Intensität? Können diese Situationen auch bewußt gesucht und ins Leben eingebaut werden? Wann fühlen wir uns ergriffen von etwas, wann haben wir das Lebensgefühl, daß wir leichter werden, dynamischer, daß uns etwas wegträgt? Das sind alles Vorstufen von Leidenschaft.

Man kann auch ernster fragen: Wofür lohnt es sich für mich,

zu leben? Wir erleben das Leben dann als sinnvoll, wenn wir lebendig sind und unser Leben auch werthaltig, nicht entwertet ist.

Schlußbemerkung

In der Langeweile verlangen wir etwas vom Leben, was wir in dem gegebenen Zeitpunkt nicht bekommen oder herstellen können. Je quälender die Langeweile ist, desto scheint es den Menschen nach etwas Absolutem zu verlangen, nach etwas ganz Besonderem. Etwas Absolutes, das im menschlichen Alltag erlebbar ist, ist die Erfahrung von Intensität, die wir in der Leidenschaft, in den leidenschaftlichen Interessen finden können. Im Erfahren der Intensität ist Sinnerfahrung enthalten, die die Sinnkrise, die mit der Langeweile verbunden ist, zumindest immer wieder vorübergehend aufheben könnte.

Dieser ressourcenorientierte Ansatz negiert die Langeweile nicht, auch nicht in ihrer Qual, aber er sieht sie als eine Emotion, die geradezu das Gegenteil herausfordert: die Fülle des Lebens. Es gibt nicht nur die Langeweile, es gibt nicht nur den Lebensüberdruß, es gibt auch die Lebensleidenschaft, und viele Emotionen dazwischen. Lebensleidenschaft statt Aktionismus – das ist nicht nur ein utopischer Vorschlag für Menschen, die an Langeweile leiden, sondern auch für unsere Gesellschaft als ganze.

Dank

Dieses Buch ist aus einer Vorlesungsreihe und einem Seminar zum Thema hervorgegangen. Ich bedanke mich bei Teilnehmern und Teilnehmerinnen an diesen Veranstaltungen fürs Mitdenken und für Anregungen.

Ganz besonders danken möchte ich jenen, die mir erlaubt haben, etwas aus ihrer Lebensgeschichte in diesem Buch als Beispiele anzufügen.

Ich bedanke mich beim Patmos Verlag und vor allem auch bei Christiane Neuen dafür, dass dieses Buch wieder neu aufgelegt worden ist.

Verena Kast

Anmerkungen

1 Kast (2013).
2 Emde (1991), S. 765.
3 Kast (2013), S. 86ff.
4 Bischof (1985), S. 241.
5 Izard (1981).
6 Tomkins (1962/1988), S. 336.
7 Dornes (1993), S. 118.
8 Stern (1992), S. 63.
9 Emde (1991), S. 764.
10 Emde et al. (1999), S. 249–279.
11 Marcel (1992), S. 12.
12 Kast (2013), S. 55ff.
13 Arend, Gove und Sroufe (1979), S. 950ff.
14 Dornes (1998), S. 309.
15 Kobasa et al. (1982), S. 168–177.
16 Köhler (1998), S. 369–397.
17 Grossmann und Grossmann (1995), S. 171–192.
18 Die Beschreibung der Testsituation und der Bindungsmuster finden sich z.B. in Dornes (1998), S. 299–348.
19 Grossmann und Grossmann (1995), S. 171–192.
20 Erikson (1971).
21 Kast (2014c), S. 51ff.
22 Dornes (1998), S. 318.
23 Dornes (1998); Köhler (1998).
24 Stern (1992), S. 199.
25 Emde (1991), S. 765.
26 Dornes (1998), S. 323.
27 Fonagy (1998), S. 349–368.
28 Ebd., S. 356ff.; 363.
29 Fromm (1979), S. 154.
30 Kast (2020c), S. 11ff.

31 Izard (1981), S. 243.
32 Kohut (1979), S. 163.
33 Miller (1979).
34 Fonagy (1998), S. 366.
35 Jung (1934/1948/2021): Allgemeines zur Komplextheorie, GW 8, §§ 194–219.
36 Kast (2014c).
37 Es gibt in der Psychologie heute viele Konzepte, die dem Konzept des Komplexes vergleichbar sind. Da sind etwa die inneren Arbeitsmodelle von Bowlby, weiterentwickelt von den Bindungstheoretikern, oder die RIGs von Daniel Stern (die generalisierten Interaktionsrepräsentanzen) oder die kognitiven Schemata von Piaget, die Emotional Scripts in der Script-Theorie von Schenk und Abelsen. Ich benutze das Konzept des Komplexes, weil es das Phänomen der problematischen Beziehungserfahrungen umfassend darstellen kann und auch den Entwicklungsimpuls, der in ihnen liegt und sich in Phantasien äußert, gut aufnimmt.
38 Kast (2020b).
39 Welter-Enderlin (1988), S. 61–79.
40 Die Komplexe sind ausführlich und auch geschlechtsspezifisch beschrieben bei Kast (2014b).
41 Ausführliche Beschreibung des Ichkomplexes bei Kast (2020a), S. 67–114.
42 Jung (1908/1914/2011): Der Inhalt der Psychose, GW 3, § 405.
43 Ders., (1916/1958/2021): Die transzendente Funktion, GW 8, §§ 131–193.
44 Ders., (1929/2011): Die Probleme der modernen Psychotherapie, GW 16, § 125.
45 Zu Techniken der Imagination siehe Kast (2016).
46 Emde et al. (1999).
47 Jung (1916/1958/2021): Die transzendente Funktion, GW 8, §§ 131–193.
48 Nowotny (1999).
49 Scheler (1986), S. 325.
50 Kast (2014d), S. 31.
51 Kast (2020c), S. 114ff.
52 Kriz (1997), S. 116.
53 Cramer (1998).
54 Kast (2019a), S.153ff.
55 Ebd., S. 55ff.

56 Ebd., S. 25ff.
57 Fromm (1976/1999), S. 304, § 44; 45.
58 Ebd., § 44.
59 Habermas (1973/1991).
60 Meier-Seethaler (1997), S. 157f.
61 Aristoteles (1966), Metaphysik A, 980 a 22.
62 Marquard (1984).
63 Ebd., S. 1.
64 Ebd.
65 Nowotny (1999).
66 Ebd., S. 50.
67 Riedel (1985), S. 7ff.
68 Heidegger (1927/1963), S. 173, § 36.
69 Geissler (2000).
70 Fromm (1973/1989), S. 216.
71 Ebd., S. 218.
72 Ebd.
73 Kant (1977).
74 Kierkegaard (1993), S. 30.
75 Pascal (1977).
76 Hehlmann (1965).
77 Zitiert in: Keen (1977).
78 Kant (1977).
79 Fromm (1973/1989), S. 220.
80 Ebd., S. 225.
81 Nietzsche (1954/1994), S. 956.
82 Nünning (1998), S. 356.
83 Ebd.
84 Kast (2019c).
85 Theunissen (1991), S. 258ff.
86 Deneke (1999), S. 236.
87 Keen (1977; 1980).
88 Goleman (1997).
89 Kast (2019b).
90 Kast (2020a), S. 9ff.
91 Kast (2015).
92 Beck (1995), S. 111.
93 Becker (1976).
94 Hebb (1955), S. 243–254.

95 Keen (1980), S. 23.
96 Fromm (1973/1989), S. 7.
97 Ebd., S. 8.
98 Kast (2014b).
99 Fromm (1973/1989), S. 8.
100 Platon (1967), Phaidros 265 a–c.
101 Aus einem Gespräch mit Ingrid Riedel. Riedel (2019).
102 Hole (1995).
103 Scheler (1986), S. 20f.
104 Kast (2014b), S. 137ff.
105 Kast (2014a).
106 Kast (2013).
107 Malatesta (1990), S. 1–56.

Literatur

Arend, R. / Gove, F. / Sroufe, L. A. (1979): Continuity of individual adaptation from infancy to Kindergarten. A predictive study of ego-resiliency and curiosity in preschoolers. In: Child Development 50, S. 950–959.

Aristoteles (1966): Metaphysik A, 980 a 22. Rowohlt Klassiker, Leck/Schleswig.

Beck, Ulrich (1995): Eigenes Leben. Ausflüge in die unbekannte Gesellschaft, in der wir leben. C. H. Beck, München.

Becker, Ernest (1976): Dynamik des Todes. Die Überwindung der Todesfurcht – Ursprung der Kultur. Walter, Olten.

Bischof, Norbert (1985): Das Rätsel Oedipus. Piper, München.

Cramer, Friedrich (1998): Der Zeitbaum – Eigenzeit und Resonanz. In: Helga Egner (Hg.): Zeit haben. Konzentration in der Beschleunigung. Walter, Zürich/Düsseldorf, S. 98–122.

Deneke, Friedrich-Wilhelm (1999): Psychische Struktur und Gehirn. Die Gestaltung subjektiver Wirklichkeiten. Schattauer, Stuttgart.

Dornes, Martin (1993): Der kompetente Säugling. Die präverbale Entwicklung des Menschen. Fischer-TB, Frankfurt am Main.

Dornes, Martin (1998): Bindungstheorie und Psychoanalyse: Konvergenzen und Divergenzen. In: Psyche 52/4, S. 299–348.

Emde, Robert N. (1991): Die endliche und die unendliche Entwicklung. In: Psyche 45/9, S. 749–779.

Ende, Robert N. et al. (1999): Imaginative Realität in der Entwicklung frühkindlicher Sprache. In: Psyche 53/3, S. 249–279.

Erikson, Erik H. (1971): Identität und Lebenszyklus. Suhrkamp, Frankfurt am Main.

Fonagy, Peter (1998): Die Bedeutung der Entwicklung metakognitiver Kontrolle der mentalen Repräsentanzen für die Betreuung und das Wachstum des Kindes. In: Psyche 52/4, S. 349–368.

Fromm, Erich (1973/1989): Anatomie der menschlichen Destruktivität. In: Gesamtausgabe Bd. VII. dtv, München.

Fromm, Erich (1976/1999): Haben oder Sein. Die seelischen Grundlagen einer neuen Gesellschaft. In: Gesamtausgabe Bd. II. dtv, München1999.

Fromm, Erich (1979): Die Seele des Menschen. Ihre Fähigkeit zum Guten und zum Bösen. DVA, Stuttgart.

Geissler, Karlheinz A. (2000): Zeit verweile doch ... Lebensformen gegen die Hast. Herder Spektrum, Freiburg im Breisgau.

Goleman, Daniel (1997): Emotionale Intelligenz. dtv, München.

Grossmann, Klaus / Grossmann, Karin (1995): Frühkindliche Bindung und Entwicklung individueller Psychodynamik über den Lebenslauf. In: Familiendynamik 20, S. 171–192.

Habermas, Jürgen (1973/1991) Erkenntnis und Interesse. dtv, Frankfurt am Main.

Hebb, Donald O. (1955): The CNS and behavior. In: Psychological Review 62, S. 243–254.

Hehlmann, Wilhelm (1965): Wörterbuch der Psychologie. Kröner, Stuttgart.

Heidegger, Martin (1927/1963): Sein und Zeit. Niemeyer, Tübingen.

Hole, Günter (1995): Fanatismus. Herder Spektrum, Freiburg im Breisgau.

Izard, Caroll E. (1981): Die Emotionen des Menschen. Eine Einführung in die Grundlagen der Emotionspsychologie. Beltz, Weinheim/Basel.

Jung C. G. (1916/1958/2021): Die transzendente Funktion. In: GW 8. Die Dynamik des Unbewußten. Hg. von Marianne Niehus-Jung, Lena Hurwitz-Eisner, Franz Riklin, Lilly Jung-Merker und Elisabeth Rüf. Sonderausgabe. 6. Aufl. Edition im Patmos Verlag, §§ 131–193.

Jung C. G. (1934/1948/2021): Allgemeines zur Komplextheorie. In: GW 8: Die Dynamik des Unbewußten. Hg. von Marianne Niehus-Jung, Lena Hurwitz-Eisner, Franz Riklin, Lilly Jung-Merker und Elisabeth Rüf. Sonderausgabe. 6. Aufl. Edition im Patmos Verlag, §§ 194–219.

Jung C. G. (1929/2011): Die Probleme der modernen Psychotherapie. In: GW 16: Praxis der Psychotherapie. Hg. von Marianne Niehus-Jung, Lena Hurwitz-Eisner und Franz Riklin. Sonderausgabe. 3. Aufl. Edition im Patmos Verlag, §§ 114–174.

Jung C. G. (1908/1914/2011): Der Inhalt der Psychose. In: GW 3: Psychogenese der Geisteskrankheiten. Hg. von Franz Riklin, Lilly Jung-Merker und Elisabeth Rüf. Sonderausgabe. 3. Aufl. Edition im Patmos Verlag, §§ 317–424.

Kant, Immanuel (1977): Anthropologie in pragmatischer Hinsicht. In: Schriften zur Anthropologie. Werkausgabe Bd. XI. Suhrkamp, Frankfurt am Main.

Kast, Verena (2013): Freude, Inspiration, Hoffnung. 6. Aufl. Patmos, Ostfildern.

Kast, Verena (2014a): Lebenskrisen werden Lebenschancen. Wendepunkte des Lebens aktiv gestalten. 11. Aufl. Herder, Freiburg im Breisgau.

Kast, Verena (2014b): Sich einlassen und loslassen. Neue Lebensmöglichkeiten bei Trauer und Trennung. 24. Aufl. Herder, Freiburg im Breisgau 2014.

Kast, Verena (2014c): Vater-Töchter, Mutter-Söhne. Wege zur eigenen Identität aus Vater- und Mutterkomplexen. 5. Aufl. der Neuausgabe. Kreuz, Freiburg im Breisgau.

Kast, Verena (2014d): Vom Sinn des Ärgers. Anreiz zu Selbstbehauptung und Selbstentfaltung. Neuausgabe. Herder, Freiburg im Breisgau.

Kast, Verena (2015): Vom Sinn der Angst. Wie Ängste sich festsetzen und wie sie sich verwandeln lassen. 7. Aufl. der Neuausgabe (13. Gesamtaufl.). Herder, Freiburg im Breisgau.

Kast, Verena (2016): Imagination. Zugänge zu inneren Ressourcen finden. 2. Aufl. der völlig überarbeiteten und erweiterten Neuausgabe. Patmos, Ostfildern.

Kast, Verena (2019a): Paare. Wie Beziehungsphantasien unsere Liebe prägen. Neuausgabe. Patmos, Ostfildern.

Kast, Verena (2019b): Abschied von der Opferrolle. Das eigene Leben leben. Neuausgabe. Herder, Freiburg im Breisgau 2019.

Kast, Verena (2019c): Sisyphos – Altes loslassen und neue Wege gehen. Neuausgabe. Patmos, Ostfildern.

Kast, Verena (2020a): Die Dynamik der Symbole. Grundlage der Jung'schen Psychotherapie. 3. Aufl. der Neuausgabe. Patmos, Ostfildern.

Kast, Verena (2020b): Konflikte anders sehen. Die eigenen Lebensthemen entdecken. Neuausgabe. Patmos, Ostfildern.

Kast, Verena (2020c): Der Schatten in uns. Die subversive Lebenskraft. 4. Aufl. der Neuausgabe. Patmos, Ostfildern.

Keen, Sam (1977): Langeweile. In: Psychologie Heute, 10/1977.

Keen, Sam (1980): Sich Zeit nehmen für die Langeweile. In: Psychologie Heute, 10/1980.

Kierkegaard, Sören (1993): Die Wechselwirtschaft. In: ders.: Entweder-Oder. Teil 1 und 2. Hg. von Hermann Diem und Walter Rest. dtv, München.

Kobasa, Suzanne C., et al. (1982): Hardiness and health: A prospective study. In: Journal of Personality and Social Psychology 42, S. 168–177.

Köhler, Lotte (1998): Anwendung der Bindungstheorie in der psychoanalytischen Praxis. Einschränkende Vorbehalte, Nutzen, Fallbeispiele. In: Psyche 52/4, S. 369–397.

Kohut, Heinz (1979): Die Heilung des Selbst. Suhrkamp, Frankfurt am Main.

Kriz, Jürgen (1997): Chaos, Angst und Ordnung. Wie wir unsere Lebenswelt gestalten. Vandenhoeck und Ruprecht, Göttingen.

Malatesta, Carol Z. (1990): The role of emotions in the development and organization of personality. In: Socioemotional Development. Nebraska

Symposium on Motivation. University of Nebraska Press, Lincoln/London, S. 1–56.

Marcel, Gabriel (1992): Werkauswahl. Band I: Hoffnung in einer zerbrochenen Welt. Hg. von Peter Grotzer. Schöningh, Paderborn.

Marquard; Odo (1984): Neugier als Wissenschaftsantrieb. In: Elisabeth Ströker (Hg.): Ethik der Wissenschaften? Philosophische Fragen. Fink/Schöningh, München.

Meier-Seethaler, Carola (1997): Gefühl und Urteilskraft. C. H. Beck, München.

Miller, Alice (1979): Das Drama des begabten Kindes und die Suche nach dem wahren Selbst. Suhrkamp, Frankfurt am Main.

Nietzsche, Friedrich (1954/1994): Menschliches-Allzumenschliches, Satz 200. In: ders.: Werke in drei Bänden. Bd. I. Hanser, München, S. 956.

Nowotny, Helga (1999): Es ist so. Es könnte auch anders sein. Suhrkamp, Frankfurt am Main.

Nünning, Ansgar (Hg.) (1998): Metzler-Lexikon Literatur- und Kulturtheorie. Metzler, Stuttgart/Weimar.

Pascal, Blaise (1977): Pensées 131. Ex Libris, Zürich.

Plato (1967): Phaidros, 265 a–c. Zitiert nach: ders., Sämtliche Werke. In der Übersetzung von Friedrich Schleiermacher. Band 4: Phaidros, Parmenides, Theaitetos, Sophistes. Hg. von Walter F. Otto und Ernesto Grassi. Rowohlt, Hamburg.

Riedel, Ingrid (1985): Tabu im Märchen. Die Rache der eingesperrten Natur. Walter, Olten.

Riedel, Ingrid (2019): Die Symbolik der Farben. Eine tiefenpsychologische Farbenlehre. Neuausgabe. Patmos, Ostfildern.

Scheler, Max (1986): Schriften aus dem Nachlaß. Bd. I. Bouvier, Bonn.

Stern, Daniel (1992): Die Lebenserfahrung des Säuglings. Klett-Cotta, Stuttgart.

Theunissen, Michael (1991): Negative Theologie der Zeit. stw, Frankfurt am Main.

Tomkins, Silvan S. (1962/1988): Affect, Imagery, Consciousness. Vol. I. Springer, New York.

Welter-Enderlin, Rosmarie (1988): Konflikt und Gewalt in Paarbeziehungen. In: Peter M. Pflüger (Hg.): Das Paar – Mythos und Wirklichkeit. Neue Werte in Liebe und Sexualität. Walter, Olten, S. 61–79.